SEO YOON-NAM

Lachend den Berg besteigen

SEO YOON-NAM

Lachend den Berg besteigen

Meister Seos Anleitung zu einem erfüllten Leben

IRISIANA

Bibliografische Informationen Der Deutschen Bibliothek
Die Deutsche Bibliothek verzeichnet diese Publikation
in der Deutschen Nationalbibliografie;
detaillierte bibliografische Daten sind im Internet unter
http://dnb.ddb.de abrufbar.

Übersetzung: Chang, Seyeon unter Mitarbeit von Martin Hinderberger
Textredaktion: Gerald Drews
Redaktionelle Mitarbeit: Christian Auer, Brigitte Berger
Umschlaggestaltung: Die Werkstatt München/Weiss · Zembsch,
unter Verwendung eines Motivs von Stephan Höck Photographie
Abbildungen: Stephan Höck Photographie
Produktion: Ortrud Müller
Satz: Werkstatt München
Druck und Bindung: Druckerei Uhl, Radolfzell
Printed in Germany

ISBN 3-7205-2492-2

INHALT

Vorwort 8

DO-IN-SUL
Die Energie des Lebens 10

KŎBUGI HOHŬP
Der Atem der Schildkröte 24

CH'ŎN-GŬN MAN-GŬN
Der Reiter, der Baum und der Bräutigam 40

NŬNG-SŎN
Der Rücken des Berges 58

SAMCH'O
Die drei Feuer im Körper 76

NAE-HOHŬP
Geschickte Finger – junger Geist 96

NAM-YŎ-NO-SO
Das Geheimnis der drei Generationen 110

CH'UN-HA CH'U-DONG
Bewegung im Rhythmus des Jahres 148

ŬMSHIGI YAGIDA
Die Notwendigkeit des Genusses 176

Schlusswort 186

Danksagung 187

Register 190

불휘 기픈 남ᄀᆞᆫ ᄇᆞᄅᆞ매 아니 뮐
ᄊᆡ 곶 됴코 여름 하ᄂᆞ니
ᄉᆡ미 기픈 므른 ᄀᆞᄆᆞ래 아니 그츨ᄊᆡ
내히 이러 바ᄅᆞ래 가ᄂᆞ니

東泉 孫玄光男

Ein Baum, der tiefe,
feste Wurzeln hat,
trotzt jedem Sturm.
Seine Blüten sind schön,
und er trägt viele
wohlschmeckende Früchte.

Aus einer tiefen Quelle
sprudelt trotz Dürre Wasser,
das einen Bach speist,
der zum Fluss wird und
ins Meer mündet.

aus dem Koreanischen Gründungsepos Yeung bi o chonga

Vorwort

Ein Buch zu schreiben ist für mich schwieriger als hundert Bücher zu lesen. Doch nachdem mich so viele Menschen immer wieder auf eine Fortsetzung meiner „Anleitung zum Glücklichsein" angesprochen haben, fasste ich den Entschluss, ein weiteres Buch zu schreiben, in dem ich meine langjährige Erfahrung als Sport- und Gesundheitslehrer nicht nur an meine Schüler, sondern an einen größeren Interessentenkreis weitergeben möchte.
Während meines langen Berufslebens als Taekwondo-Meister habe ich die verschiedensten Menschen und ihre gesundheitlichen Probleme kennen gelernt. Grundsätzlich haben fast alle Menschen das Bestreben, sehr lange gesund und jung zu bleiben und in Reichtum zu leben. Doch ein Sprichwort aus meiner Heimat sagt, dass Gott den Menschen nicht gleichzeitig zwei gute Dinge mitgegeben hat. So hat der Tiger zwar scharfe Zähne, jedoch kein starkes Horn. Was nützt uns Reichtum, wenn es mit der Gesundheit nicht stimmt? Im Grunde reichen uns drei Mahlzeiten am Tag, etwas kulturelles Leben und vor allem Liebe zum Wohlbefinden. Aber es liegt wohl in der Natur von uns Menschen, dass wir alles wollen, und zwar möglichst schnell und ohne viel dafür zu tun. Aber das funktioniert nicht. Man kann Gesundheit nicht herbeizwingen, wie es die Geschichte vom chinesischen Kaiser veranschaulicht. Auch er wünschte sich ein sehr langes Leben in Gesundheit – reich war er ja schon. Damit seine Sicherheit garan-

tiert sei, ließ er die chinesische Mauer errichten. Gleichzeitig schickte er 3000 junge Menschen in die Welt hinaus, damit sie ihm von überall her das beste und gesündeste Essen bringen sollten, was erklärt, warum die chinesische Küche so hoch entwickelt und vielseitig ist. Doch der Kaiser wurde trotz aller Anstrengungen nur 49 Jahre alt. Koreanische Jugendliche hatten zwar Ginseng für ihn herbeigeschafft, aber der Kaiser war bei ihrer Ankunft bereits tot.

Mit Verbissenheit erreicht man nichts, besonders wenn es um die Gesundheit geht. Wichtiger ist es, auf seinen Körper zu hören. Er weiß genau, was ihm gut tut und was ihm schadet. Im Voraus zu essen oder zu schlafen, ist nicht möglich. Das Gleiche gilt für den Sport: Er sollte mäßig, aber regelmäßig betrieben werden, sonst ist der Körper schnell überbelastet. Gesundheitstraining bedeutet auch nicht, einen Kurs zu absolvieren, sondern lebenslanges, geduldiges Üben. Denn wenn ein Medikament wirken soll, nützt es schließlich nichts, nur den Beipackzettel zu lesen.
Es sind schon viele Methoden entwickelt worden, schlank und gesund zu bleiben oder zu werden. Manche versprechen schnelle Erfolge, wie z.B. die vielen Diätvorschläge, die es gibt. Doch lassen Sie sich nicht täuschen. Schnell funktioniert gar nichts, wenn es um die Gesundheit geht. Man muss sich entscheiden. Und dann mit Freude ans Werk gehen. Regelmäßiges Üben kann nämlich Spaß machen, und der Erfolg bleibt auf längere Sicht nicht aus. Seit 1967 lebe ich in Deutschland, meiner zweiten Heimat. Ich habe hier gute Freunde und viel Freude gewonnen und ich bin diesem Land sehr dankbar, in dem ich länger gelebt habe als in Korea, wo ich geboren und aufgewachsen bin und wo ich die Kunst des Taekwondo erlernt habe. Mit diesem Buch möchte ich meinen deutschen Leserinnen und Lesern etwas von all dem Guten, das ich hier erfahren habe, zurückgeben und sie animieren, etwas für ihre Gesundheit und ihr Wohlbefinden zu tun, damit sie zu körperlicher und geistiger Harmonie finden, durch Bewegung der Natur wieder näher kommen – und glücklicher werden. Es ist meine Überzeugung, dass eine verbesserte körperliche und seelische Gesundheit auch zu einem friedlicheren Miteinander führt, und das nützt nicht nur dem Einzelnen, sondern uns allen.

Und hier noch ein grundsätzlicher Hinweis zu den Übungen in diesem Buch:
Alle Übungen können Sie auch unabhängig von deren Zuordnung zu den einzelnen Kapiteln machen. Probieren Sie einfach aus, welche für Sie am Anfang gut zu bewältigen sind und tasten Sie sich dann langsam auch an die schwierigeren heran. Wichtig ist die Regelmäßigkeit des Trainings. So wie Sie nicht für die nächsten drei Tage im Voraus essen können, so können Sie auch nicht im Voraus trainieren.

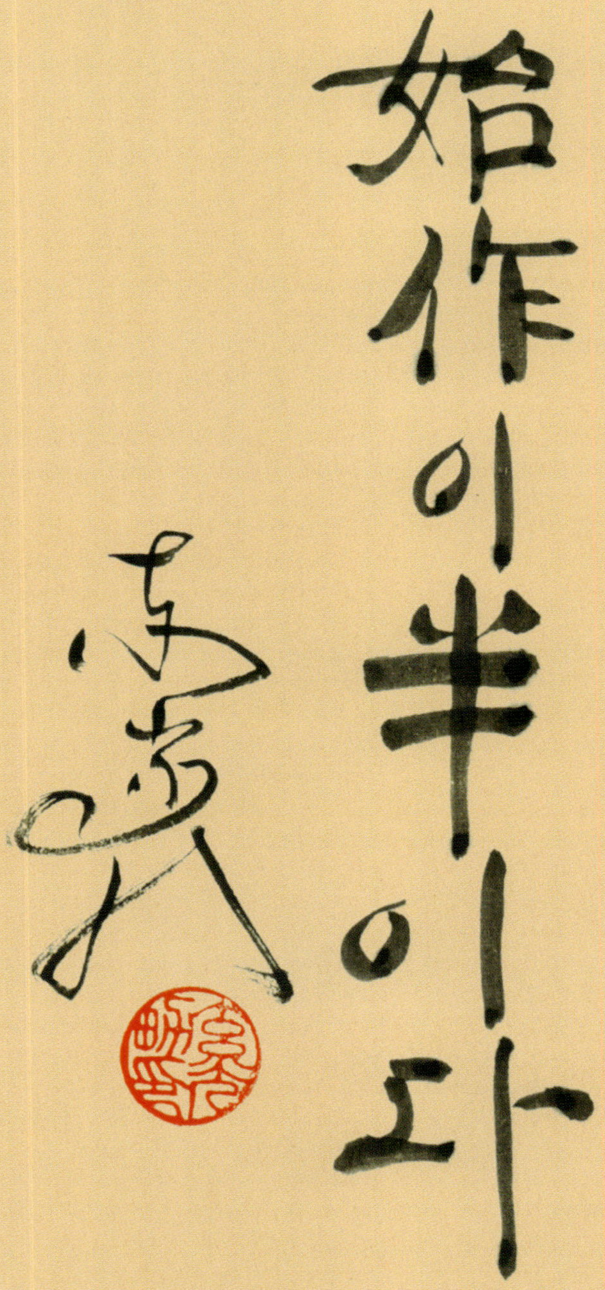

Der erste Schritt
ist der halbe Weg

DO-IN-SUL
DIE ENERGIE DES LEBENS

도인술 Wir bewegen uns. Immerzu. Manchmal mehr – manchmal weniger. Wir bewegen uns, indem wir einatmen und indem wir ausatmen. Unsere Augenlider bewegen sich beim Träumen und unsere Muskeln zucken vor der Entspannung im Schlaf. In unseren Adern bewegt sich das Blut, und wenn wir nachdenken, bewegen sich elektrische Impulse im Inneren unseres Kopfes. Manche Bewegungen fallen uns leicht, andere schwer, und allzu häufig bewegen wir uns leider auch falsch. Alle wissen scheinbar genau, dass wir uns zu wenig bewegen, doch kaum einer tut wirklich etwas dagegen. Wenn wir auf den Mangel an Bewegung angesprochen werden, seufzen wir und sagen: „Du hast ja so recht!" Und dabei bleiben wir sitzen. Ist Seufzen schon eine Form der Bewegung? Ich glaube nicht.

In meiner Heimat Korea ist das anders. Bewegung als Quelle und Ausdruck des Lebens kennzeichnet in Asien nicht nur das medizinische Selbstverständnis, sondern stellt vielmehr die grundlegende Lebensphilosophie dar. Die Menschen in China beschäftigten sich schon vor mehr als zweitausend Jahren mit dem Kosmos. Sie betrachteten ihn dabei auch unter dem Gesichtspunkt der Bewegung, mit den Veränderungen von Himmel und Erde, von Sonne und Mond, von Ŭm und Yang – dem Weiblichen und Männlichen. Damit sind wir bei einem oder vielmehr bei zwei grundlegenden Aspekten der Bewegung: Ŭm und Yang stellen den wesentlichen Bestandteil von Ki, der Lebensenergie dar. Als zwei entgegengesetzte Pole bewegen sie sich beständig aufeinander zu und wieder voneinander weg. Und so erzeugt die sich daraus ergebende Spannung fortwährend Neues. Die pulsierende Bewegung von Ŭm und Yang ist also Voraussetzung für jede Neuschöpfung und Weiterentwicklung. Ŭm stellt das Weibliche dar und Yang das Männliche. In Deutschland wäre es vielleicht „Gegensätze ziehen sich an", denn dadurch wird das Prinzip sehr gut beschrieben. Ŭm und Yang bewegen sich aufeinander zu und streben voneinander fort – diese Spannung benötigt der Mensch zum Leben, diese Spannung ist pure Energie. In der asiatischen Medizin wird sogar der ganze menschliche Körper in dieses Prinzip eingeordnet. Organpaare, bestehend aus je einem Ŭm- und einem Yang-Organ, werden in Beziehung zu den fünf Elementen Feuer (hwa), Erde (t'o), Metall (kŭm), Wasser (su) und Holz (mok) gesetzt. Die fünf Elemente beeinflussen sich nun gegenseitig in zwei verschiedenen Zyklen: dem Sang-saeng-Zyklus und dem Sang-gŭk-Zyklus.

Zugegeben – das ist für den Anfang vielleicht ein bisschen viel. Starker Tobak, wie man auf Deutsch so schön sagt. Schauen wir uns diese beiden Zyklen also zunächst einmal in aller Ruhe an:

ELEMENT		ŬM-ORGAN	YANG-ORGAN
hwa	Feuer	Herz	Dünndarm
t'o	Erde	Milz	Magen
kŭm	Metall	Lunge	Dickdarm
su	Wasser	Niere	Blase
mok	Holz	Leber	Galle

Im Sang-saeng-Zyklus wandert die Lebensenergie (Ki) von einem Element zum nächsten. Wenn Feuer brennt, bleibt Asche übrig, die ihrerseits die Erde mit Nährstoffen anreichert. Die Erde enthält Erze, aus denen Metall gewonnen wird, das wiederum in Form von Mineralstoffen im Wasser gelöst ist. Wasser lässt Bäume wachsen, die Holz liefern, um das Feuer zu nähren. Alles befindet sich im Fluss und bildet somit den Lebenskreislauf.
Der Sang-gŭk-Zyklus funktioniert auf gegensätzliche Weise. Die Erde speichert zum Beispiel Wasser, hält es also zurück. Wasser löscht Feuer, während Feuer Metall schmilzt. Metall schneidet Holz und Holz entzieht der Erde Nährstoffe.
Verbindet man nun die einzelnen Elemente wieder mit den entsprechenden Organen, so kann man ganz einfach feststellen, dass sich alle diese Organe unmittelbar beeinflussen.

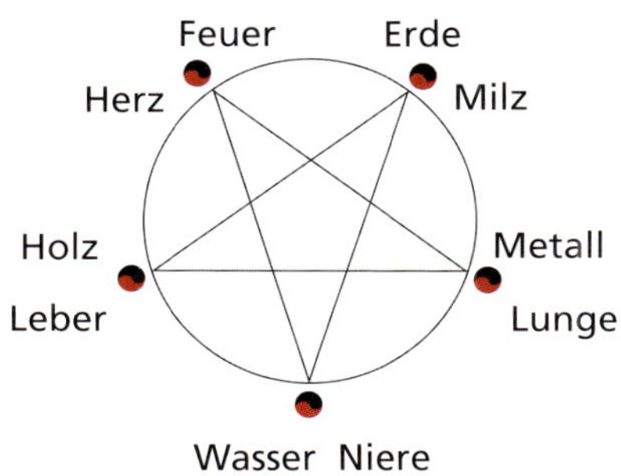

Sang-saeng-Zyklus **Sang-gŭk-Zyklus**

Verstanden? Nein? Dann betrachten Sie doch einfach noch einmal die Abbildung unten links. So funktioniert dieses Prinzip: Elemente werden Organen zugeordnet. Elemente beeinflussen sich gegenseitig, also tun es auch die Organe. Sie dürfen nun zweifelnd den Kopf hin und her wiegen, doch werden Sie keinen Schulmediziner finden, der dieser simplen Theorie ernsthaft widerspricht. Vielleicht wird er beanstanden, dass diese Erkenntnis zu einfach sei, doch nicht immer müssen Dinge kompliziert sein, um als richtig gelten zu dürfen.

Die schlichte Wahrheit
wird durch ihre Schlichtheit
nicht weniger wahr

Da man den Sang-gŭk-Zyklus als den negativen Zyklus bezeichnen kann, ergibt sich daraus zwingend, dass eine Beeinträchtigung des Herzens sich direkt auch auf die Lunge auswirken muss. Durch die angegriffene Lunge wiederum verschlechtert sich die Funktion der Leber. Ist die Leber einmal geschädigt, wird sich auch bald der Zustand der Milz verschlimmern. Dies führt dann zu einer Einschränkung der Nierentätigkeit, was sich wiederum negativ auf das Herz auswirkt.
An diesem Kreislauf lässt sich deutlich erkennen, dass man nie nur ein Organ völlig losgelöst von allen anderen betrachten kann, sondern dass man immer auch das Zusam-

menwirken aller Organe vor Augen haben muss. Mit anderen Worten:

Wirklich gesund ist man erst dann, wenn das Zusammenspiel aller Organe einwandfrei funktioniert

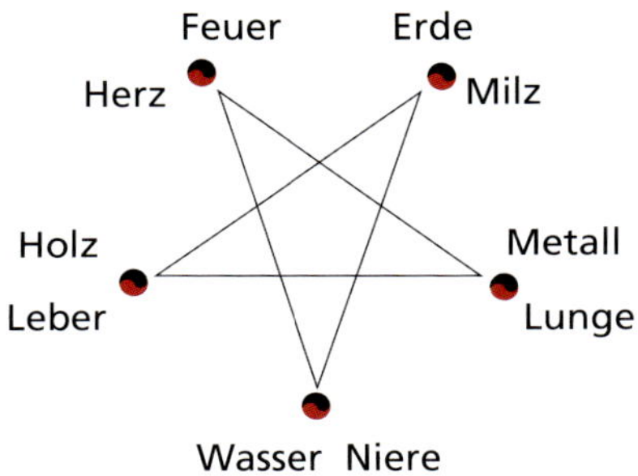

Sie sehen, dass auch in diesen beiden Zyklen die widerstreitenden und sich ergänzenden Prinzipien von Ŭm und Yang wirken, die alles in Bewegung halten. Und der Mensch ist Teil dieses Prozesses.

In unserer Entwicklungsgeschichte spielt Bewegung eine zentrale Rolle. Sie war beispielsweise eine zwingende Voraussetzung für die Nahrungsbeschaffung. Hätten unsere Vorfahren das Mammut auch im Sitzen erlegt? Wohl kaum. Bauern und Handwerker verrichteten ihre Arbeit durch körperlichen Einsatz. Spiel und Tanz waren stets Ausdruck von Lebensfreude. Und nun überlegen Sie: Wenn die Erfüllung existentieller Bedürfnisse wie Nahrung, Arbeit oder Vergnügen ursprünglich mit Bewegung in Zusammenhang stand, dann muss Bewegung für den Menschen lebensnotwendig sein, was gleichzeitig auch heißt: Bewegung erhält den Menschen gesund – wenn er dem Gesetz der Natur folgt.

Ich ahne einen Schatten des Zweifels oder des Unverständnisses über Ihr Gesicht huschen. Das Gesetz der Natur? Welches Gesetz? Gibt es da nicht viele? Ganz unterschiedliche? Ich erkenne Ihre Zweifel und deren gute Gründe – ich will sie zerstreuen. Über die Art und Weise sowie das richtige Maß an Bewegung können wir tatsächlich viel von den Tieren lernen. Wer Tiere genau beobachtet, weiß, was es heißt, dem Gesetz der Natur zu folgen: Ein gesundes Tier bewegt sich ausgeglichen und elastisch. Es setzt seine Energie stets optimal ein. Es bewegt sich nicht gewaltsam, nie zuviel und nie zu wenig. Es tut das „Notwendige". Was aber macht der Mensch heutzutage? Unser Körper wird durch einseitige Haltung bei der Arbeit oder durch unnatürlichen Einsatz beim Sport oft schwer belastet. Diese Überbeanspruchung verursacht Stress. Sport war ursprünglich eine vergnügliche Art, sich zu betätigen, doch heute leiden nicht nur Profis an Überforderung und Verletzungen durch extremes Training. Auch viele Freizeitsportler muten sich einfach zu viel zu. Pflegen einen übertriebenen Ehrgeiz. Wollen stets etwas beweisen.

Die Alternativen klingen nicht viel besser. Wir sind faul und bequem, so dass die Muskeln infolge mangelnder Tätigkeit verspannt und verhärtet sind. Auch falsche Körperhaltung im Alltag und einseitige Belastung am Arbeitsplatz schaden unserer Gesundheit und damit nicht nur dem Körper, sondern auch dem Geist. Wenn wir nichts dagegen unternehmen, reduzieren sich nach und nach unsere körperlichen und geistigen Fähigkeiten.

Der Mensch als Teil des Universums stellt selbst ein kleines Universum dar. Will er seine Gesundheit erhalten, muss er sich im Einklang mit dem Rhythmus des gesamten Kosmos bewegen. Den Weg dorthin nennt man DO. Je mehr es uns gelingt, Körper und Geist in Einklang zu bringen, desto mehr befinden wir uns auf diesem Weg. Lassen Sie mich dazu eine kleine Geschichte aus Korea erzählen:

Einer Legende nach lebten einst Götter und Menschen zusammen. Die Menschen, von den Göttern erschaffen, entwickelten sich körperlich und geistig so stark, dass die Götter Sorge hatten, sie würden ihnen zu nahe kommen. Daher beschlossen sie, sich von den Menschen zurückzuziehen. Einen Weg, um sich weiterzuentwickeln, wollten sie jedoch für die Menschen offen lassen: das DO. Die Götter kamen zu dem Schluss, dass nur derjenige, der einen verborgenen Stab findet, in ihren Kreis aufgenommen werden sollte. Verschiedene Vorschläge über das beste Versteck wurden gemacht. So wollten die Götter den Stab erst auf dem höchsten Gipfel platzieren oder ihn ganz tief in der Erde vergraben. Letztendlich einigten sie sich auf den Vorschlag, den Stab im Menschen selbst, in seinem Inneren, zu verbergen.

Die Quelle für unsere körperliche Gesundheit und seelische Zufriedenheit liegt in uns selbst. Um auf dem Weg des DO diese Quelle zu finden, muss man in seinem Inneren (kleiner Kosmos) danach suchen und nicht im Außen (großer Kosmos). DO lässt jeden Menschen seinen Weg finden, sein eigenes Lebensziel. Diesen Weg zu begehen, ist sehr schwierig, aber auch lohnend: Durch lebenslanges Bemühen findet der Mensch zu sich selbst.

Viele meiner Schüler fragen mich, ob ich glaube, DO für mich schon entdeckt zu haben. Sie wollen wissen, ob und wie ich DO gelernt, verinnerlicht habe. Diese Fragen sind weder mit Ja noch mit Nein zu beantworten. DO ist in der koreanischen Kultur verankert. Es ist Teil meines geistigen Erbes – es war für mich von klein auf ein Bestandteil meines Denkens. Zudem gilt natürlich: Der Weg ist das Ziel. Dies bedeutet auf mich persönlich bezogen, dass die Suche nach DO gleichzeitig den Zeitpunkt darstellt, an dem ich DO gefunden habe. Höre ich jedoch auf, ein Suchender zu sein, so darf ich mich auch nicht mehr als einen bezeichnen, der gefunden hat. Außerdem ist DO auch Teil der Bezeichnung des Kampfsports Taekwondo. DO bedeutet also fortwährendes Lernen, mit sich und der Welt ins Reine zu kommen, sich und die Welt zu verstehen. Am Ende steht die „Erleuchtung“, die nur ganz wenige Menschen erlangen. Ob ich weiß, wo dieses „Ende“ ist, wollen meine Schüler manchmal wissen. Nein, sage ich dann, denn würde ich das Ende kennen, wäre ich erleuchtet. In diesem Falle aber wäre ich hoffentlich bescheiden genug, dies niemanden wissen zu lassen. Die Frage ist ohnehin überflüssig – Abkürzungen dorthin lassen sich auch mit „Beziehungen“ nicht erreichen.

Die Menschen waren schon immer auf der Suche. Sie möchten immer etwas entdecken, erforschen. Um auf die Suche zu gehen, bietet die Umwelt viel Raum. Die Entwicklung der Technologie unterstützt diese Suche. Einen zehntausend Meter tiefen Meeresgrund abzusuchen, die höchsten Berge zu besteigen, all das ist möglich. Die Menschen sind mit Raumschiffen ins Weltall aufgebrochen, um ihre Suche fortzusetzen. All diese Suche zielt nach außen, vom eigenen Körper weg. Und obwohl wir weite Entfernungen überwinden können, um an einem anderen Ort zu suchen, bleibt der eigene Körper unentdeckt. Diese knapp 0,3 Kubikmeter unseres Körpers bieten einen fast unendlich großen Raum, um zu suchen. Der Körper ist ein eigenes kleines Universum.

Körper und Geist in Einklang zu bringen – das ist DO. Voraussetzung dafür ist, dass der Kör-

per von Ablagerungen und Giften gereinigt und der Geist von jeglichen belastenden Gedanken befreit wird.
Vor meinem geistigen Auge sehe ich Sie schlucken. Höre ein verzweifeltes, leises Stöhnen. Ein von Giften gereinigter Körper? Ein von Belastungen befreiter Geist? Wie soll das gehen? Der ein oder andere unter Ihnen, geneigte Leser, könnte jetzt denken, dieser schreibende Koreaner sei ein weltfremder Theoretiker. Ein Träumer. Ein Phantast. Ein Spinner vielleicht sogar. Nun, folgen Sie mir durch dieses Buch, und ich werde Ihnen nach und nach beweisen, dass Sie nicht befürchten müssen, einem Scharlatan auf den Leim zu gehen, wie man bei Ihnen zu sagen pflegt. Sie werden erfahren, dass sich wahre Einsicht und praktische Anwendung nicht ausschließen müssen. Versprochen. Ganz fest.
Doch ich bin abgeschweift. Lassen Sie uns noch einmal über diese Vorstellung sprechen: Die Vorstellung, dass der Mensch nur gesund sein kann, wenn Körper und Geist eine Einheit bilden. Diese findet sich nicht nur in den drei großen asiatischen religiös-philosophischen Richtungen Taoismus, Konfuzianismus und Buddhismus, sondern auch in dem stark wissenschaftlich geprägten Menschenbild des Westens. Den lateinischen Spruch „Mens sana in corpore sano" (Ein gesunder Geist in einem gesunden Körper) kennen Sie vermutlich alle. Er stammt übrigens aus einer Satire des römischen Dichters Iuvenal. Diese Satire handelt von der Torheit und Verderblichkeit der Gebete und Wünsche, die die Menschen an die Götter zu richten pflegen; nach zahlreichen Beispielen törichter Wünsche schließt sie mit der Mahnung: „Man überlasse den Göttern selbst, uns das wahrhaft Ersprießliche zu gewähren, und bitte sie nur um körperliche Gesundheit und gesunden Menschenverstand (... orandum est, ut sit mens sana in corpore sano). Dass nur in einem gesunden Körper ein gesunder Verstand möglich sei, hat Iuvenal so nie gesagt. Dennoch: Kein Mediziner des Westens würde den richtigen Ansatz dieses Gedankens bezweifeln. Und weil etwas, das richtig ist, auf der ganzen Welt richtig ist, gibt es diesen Satz sinngemäß auch bei uns. In Korea sagen wir: „Ein Geist ohne Körper ist ein Gespenst, ein Körper ohne Geist ist eine Leiche."
Das bedeutet, dass nur derjenige, der in der Lage ist, Körper und Geist in Harmonie zu bringen, den Weg der Gesundheit kennt. Dieser Weg – DO – ist im asiatischen Weltbild das Suchen und das Finden, das Mittel und der Zweck.
Wie DO im Sinne von Yang und Ŭm immer beide Aspekte einer Sache enthält, so gehören zur Erhaltung der Gesundheit auch beide Aspekte des menschlichen Seins: Körper und Geist. Der Mensch kann seinen Körper mit dem Geist beeinflussen und umgekehrt auch seinen Geist mit dem Körper. Durch diese Wechselbeziehung kann jeder Mensch seine inneren Heilungskräfte anregen und seinen eigenen Weg zur Gesundheit finden.

DO ist in jedem von uns

Das versuche ich Ihnen mit diesem Buch zu vermitteln. Denn diese Erkenntnis ist nicht nur tröstlich, sondern auch ungeheuer nutzbringend. Durch das Bemühen, Körper und Geist durch beharrliches Üben zu pflegen, entwickeln wir uns innerlich weiter und kommen DO immer näher. Ausschlaggebend für das Gelingen ist unser eigenes Bestreben, unabhängig vom Urteil anderer.
Körper und Geist sollen miteinander harmonieren. Um diesen Zustand zu erlangen, müssen wir im Alltag sowohl die richtigen Körperbewegungen üben als auch versuchen, uns

geistig fit zu halten. Zu anstrengend, sagen Sie? Zu zeitaufwändig? Dann rechnen Sie doch einmal zusammen, wie viel Zeit Sie schon in Wartezimmern verschwendet haben. In Arztpraxen und Apotheken. Wie oft Sie schon krank im Bett lagen, sich elend fühlten. Sich nicht konzentrieren konnten. Rechnen Sie all diese Minuten, Stunden und Tage zusammen und Sie kommen auf eine Summe, die gut ein Zehntel Ihres Lebens ausmachen dürfte. Ich garantiere Ihnen: Der Versuch, zum DO zu gelangen, erfordert weniger Zeit. Viel weniger.

Was Sie tun müssen, ist, eine Entscheidung treffen. Denn:

Jede Reise
beginnt mit dem ersten Schritt.

Und auch dazu will ich Ihnen eine kleine Geschichte erzählen – vielleicht auch, um Ihr Vorurteil über Asiaten zu bestätigen. Deutsche nämlich glauben sehr oft, wir Koreaner würden uns ständig in Metaphern bewegen, hätten den unwiderstehlichen Drang, den anderen Teil der Menschheit mit unseren Legenden zu beglücken. Das ist Unsinn. Wir sind im Laufe der Entwicklung nur einfach zu der Erkenntnis gelangt, dass fast alles schon einmal geschehen ist, und dass es mühsam ist, sich *alle* Ereignisse und ihre Folgen zu merken. Deswegen merken wir uns lieber die markantesten dieser Geschichten, und wenn wir etwas erklären müssen, erzählen wir diese – stellvertretend für eine langatmige Aufzählung. Praktisch, oder? Und damit nun zu der Geschichte, die das Thema des ersten Schritts zum Inhalt hat.

Die Reise des Rehs

Ein junges Reh war plötzlich von einem ganz besonderen Duft umgeben. Neugierig machte es sich auf die Suche nach dessen Ursprung. Tagelang durchstreifte es Wälder, kam an Seen und Flüssen vorbei, wanderte auf Berge und durchschritt Täler. Und obwohl der Duft das Reh ständig begleitete, blieb ihm die Quelle, aus der er stammte, zunächst verborgen. Völlig erschöpft von der langen Suche legte es sich unter einen Felsen, um ein wenig zu schlafen. Als es schließlich Ruhe fand, wurde ihm klar, was es mit diesem besonderen Duft auf sich hatte, nach dessen Ursprung es schon so lange suchte: Er kam aus ihm selbst. Dieses faszinierende Aroma entströmte seinem eigenen Körper.

Die Erklärung ist einfach: Auf seiner anstrengenden Reise hatte sich das Reh nämlich beständig bewegt und so alle seine Körperzellen gereinigt. Die Müdigkeit ließ schließlich keinen Platz mehr für schwere Gedanken. Und so kam es, dass das Reh frei von körperlichen und geistigen Giften wurde. Der Weg zur Bewusstseinserweiterung und damit zur Beantwortung seiner Frage war geebnet, und so fand das Reh die Quelle des Duftes in sich selbst. So nahe liegend – und doch so schwer zu erkennen…

Baum

Ich bin ein großer, starker Baum! Deshalb kann mir auch starker Wind nichts anhaben.

- diese Übung ist gut für die äußere und innere Balance
- schwieriger wird es, wenn man die Augen schließt
- darauf achten, dass das angewinkelte Knie nicht nach vorne, sondern seitlich nach außen zeigt

Großes X

Kreuzen Sie Beine und Arme. Verschränken Sie die Finger ineinander und bringen Sie die verschränkten Hände unter Ihren Ellenbogen hindurch vor Ihre Brust. Schließen Sie die Augen, atmen Sie tief und ruhig.

- Hören Sie in Ihren Körper!
- Kontrollieren Sie Atmung und Körperhaltung!
- 2–5 Minuten in dieser Stellung lässt Sie Ihr inneres Gleichgewicht wieder finden
- durch die gekreuzte Haltung werden beide Gehirnhälften stimuliert
- Kann man auch im Liegen oder Sitzen machen

Kopfstand

- die Durchblutung des Nackenbereichs und des Gehirns wird verbessert
- dadurch wird das vegetative Nervensystem angeregt und die Funktion der inneren Organe verbessert
- die geistige Fitness wird angeregt
- so lassen sich manche Probleme sozusagen „verkehrt herum“ lösen

Kerze

- die Wirbelsäule wird stärker durchblutet
- in der Folge werden die inneren Organe angeregt
- durch das starke Abknicken des Kopfes wird die Schilddrüsenfunktion verbessert
- dadurch wird der Alterungsprozess verlangsamt
- ein angenehmer Nebeneffekt ist, dass die Sexualorgane in Schwung gebracht werden
- wenn Sie unter Bluthochdruck leiden oder Probleme mit der Halswirbelsäule haben, sollten Sie auf „Kerze" und „Kopfstand" verzichten

Kreislaufübung

Auf dem Rücken liegend die Arme und Beine nach oben strecken und mit festen Ellenbogen- und Kniegelenken mindestens eine Minute zittern.

- der Kreislauf kommt in Schwung
- das Blut wird aus Armen und Beinen in den Körper geschüttelt und damit das Herz gestärkt
- die Funktion der Kapillaren wird verbessert
- macht Hände und Füße warm
- zusätzliches Lachen massiert den Bauch und macht gute Laune

12-Gelenke-Übung

Im Sitzen Beine und Arme strecken und die Finger ineinander verschränken. Gleichzeitig die Beine schnell nach innen und außen bewegen und die Hände wie beim „Großen X" vor die Brust bringen und wieder strecken.

- durch das gleichzeitige Bewegen von Armen und Beinen wird die Koordination verbessert
- beide Gehirnhälften werden stimuliert
- der Kreislauf wird angeregt
- 12 Gelenke werden besser durchblutet: Hand-, Ellenbogen-, Schulter-, Fuß-, Knie- und Hüftgelenke

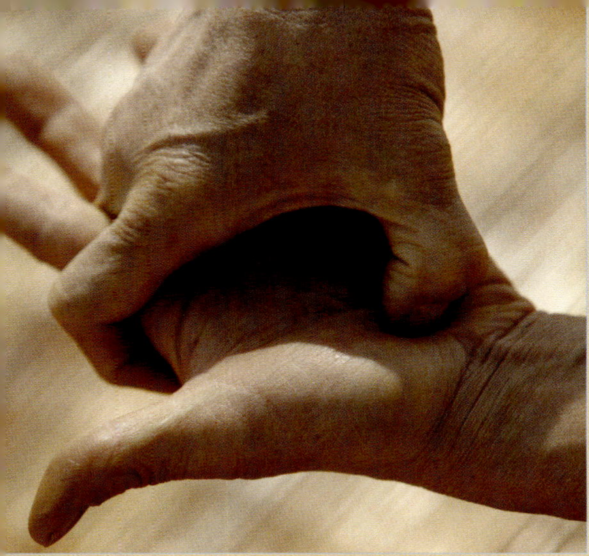

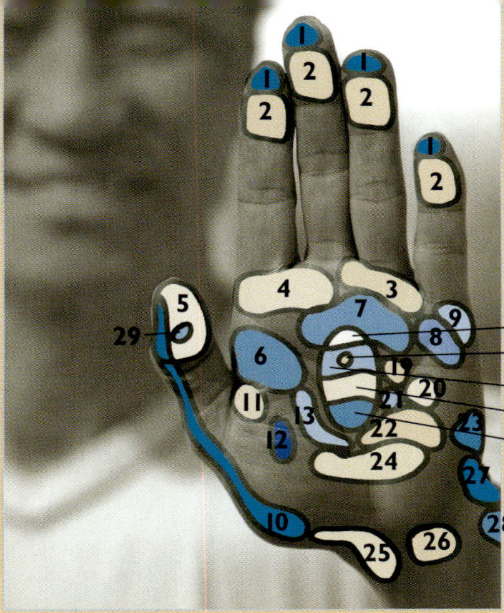

Handuhr

Stellen Sie sich vor, Ihre linke Hand ist ein Ziffernblatt. Drücken Sie nun mit dem rechten Daumen fest im Uhrzeigersinn jede Stunde einmal und zum Schluss in der Mitte. Danach die rechte Hand gegen den Uhrzeigersinn drücken.

- cie Akupunkturpunkte der Hand werden angeregt
- dadurch werden alle inneren Organe stimuliert
- die Organfunktion wird verbessert

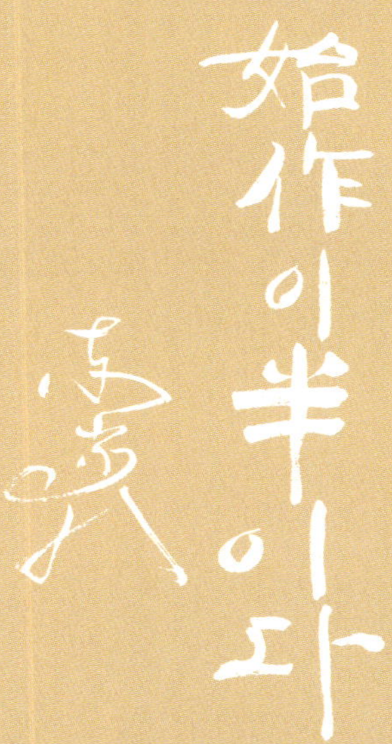

1	Gehirn
2	Stirn/Nebenhöhlen
3	Ohren
4	Augen
5	Gehirn
6	Magen
7	Lunge
8	Brustraum
9	Schulter
10	Wirbelsäule
11	Hals
12	Schilddrüse
13	Dickdarm
14	Lunge
15	Solarplexus
16	Thymusdrüse
17	Nebenniere
18	Niere
19	Herz
20	Milz
21	Bauchspeicheldrüse
22	Dünndarm
23	Lymphsystem
24	Blase
25	Gebärmutter/Prostata
26	Lendenwirbelbereich
27	Hüfte
28	Eierstock/Hoden
29	Hypophyse

Gehirnjogging

Formen Sie mit Zeige- und Mittelfinger der rechten Hand ein V, mit Zeigefinger und Daumen der linken Hand ein O. Beim V die restlichen Finger anwinkeln, beim O strecken. Jetzt wechseln Sie gleichzeitig von V zu O und von O zu V.

- steigert die Koordination in den Händen
- trainiert das Zusammenspiel beider Gehirnhälften
- anfangs glaubt man einen Knoten im Gehirn zu haben
- aber: Nur nicht entmutigen lassen!

Kopfstand 1

Im Knien den Kopf auf den Boden stützen und das Gewicht nach vorne verlagern. Die Finger hinter dem Rücken verschränken und die gestreckten Arme so weit wie möglich in Richtung Kopf ziehen.

- diese Variante ist für Anfänger gedacht, um sich langsam an die Belastung in Kopf und Nacken zu gewöhnen
- Belastung langsam steigern
- bewusst und tief atmen

Kopfstand 2

Wie bei „Kopfstand 1" nur jetzt die Beine strecken, so dass man nur auf Kopf und Zehenspitzen steht.

- für Fortgeschrittene, die mit der Variante 1 problemlos zurechtkommen
- die Belastung für Kopf und Schultern ist deutlich größer

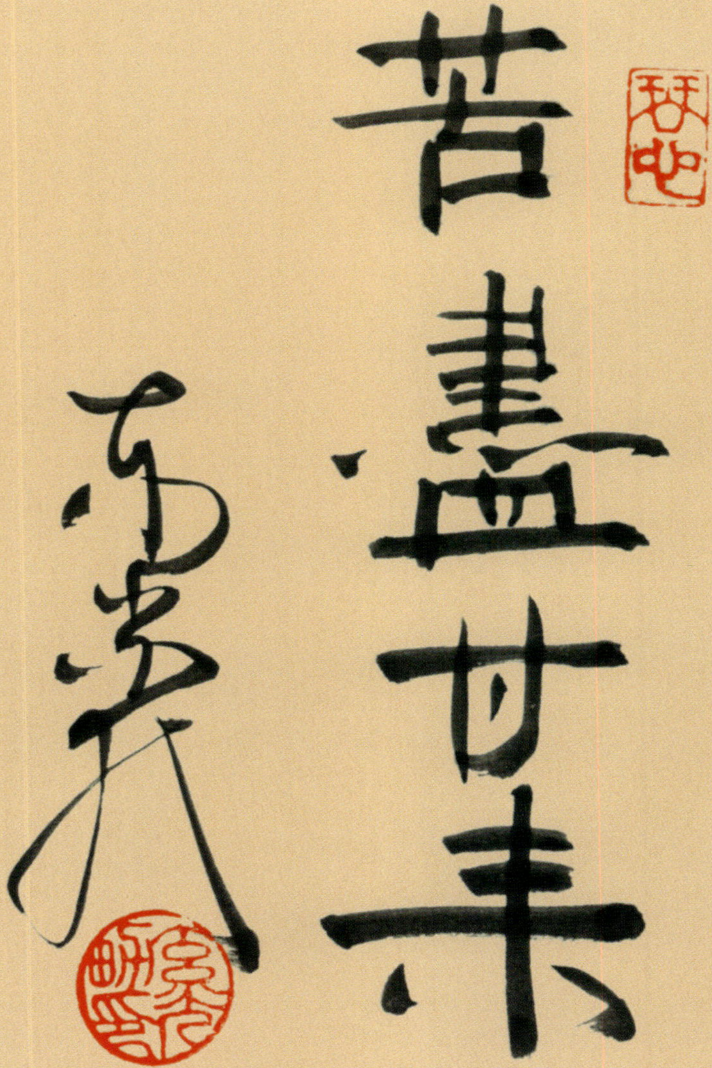

Was lange währt,
wird endlich gut

KŎBUGI HOHŬP – DER ATEM DER SCHILDKRÖTE

거북이 호흡 Atmen ist lebenswichtig. Wir können zwar tagelang ohne zu essen oder zu trinken überleben, nicht aber ohne zu atmen. Von Selbstversuchen in dieser Richtung möchte ich dringend abraten.

Viele Menschen machen sich Gedanken über das Essen; sie wollen sich gesund ernähren. Für andere ist Bewegung das Wichtigste und wieder andere definieren ihre Gesundheit über ein Leben in Harmonie und ohne Stress. All diese sind kluge Menschen mit richtigen Gedanken, auf die ich im weiteren Verlauf dieses Buches auch noch ausführlich zu sprechen kommen werde. Tatsache jedoch ist, dass kaum jemand einen Gedanken an das Atmen verschwendet. Warum auch? Atmen erscheint vielen von uns als ein automatischer, selbstverständlicher Vorgang, keiner weiteren Beachtung wert.

Falsch! Der Mensch sollte bewusst atmen, denn so wie die Qualität der Ernährung kann auch die Qualität des Atmens verbessert werden. Wird unser Körper durch gesundes Essen mit allen lebenswichtigen Nährstoffen versorgt, so liefert richtige Atmung die optimale Menge an Sauerstoff, den unser Körper für alle Stoffwechselvorgänge braucht. Eine gute Atmung erhält uns gesund und erhöht unsere Lebensqualität. Wenn Sie dagegen zu schnell, zu kurz und unregelmäßig atmen, machen Sie Ihrem Körper keine Freude.

Richtiges Atmen bedeutet:

- tief
- langsam
- ruhig
- regelmäßig.

Atmen wir auf diese Weise, werden alle Organe und Muskeln gut mit Sauerstoff versorgt und können optimal funktionieren. Eine gute Atmung hat großen Einfluss auf den Kreislauf und insgesamt eine angenehm beruhigende Wirkung auf Körper und Geist.

Etwa drei Finger breit unterhalb des Bauchnabels befindet sich Dan-dzon, das Zentrum unserer Lebensenergie. Von dort verbreitet sich die Energie im Körper. Sie können dieses Zentrum spüren, wenn Sie etwas Schweres heben und damit automatisch den Unterbauch anspannen. Die Kraft kommt dann aus dem Dan-dzon. Im Winter ist Dan-dzon deutlich zu fühlen, denn Sie können Ihren Körper mit Dan-dzon wärmen. Dazu atmen Sie tief in den Bauch hinein und spannen beim Ausatmen den Unterbauch an.

Vielleicht haben Sie schon einmal den Satz gehört: „Finde deine Mitte". Das ist natürlich eine sehr verkürzte Anweisung, doch ganz falsch ist sie selbstverständlich nicht. Mit der „Mitte" ist Dan-dzon gemeint – das energetische Zentrum. Sie zu finden ist allerdings nicht ganz so einfach. Dan-dzon-Atmung (dan-dzon-hohŭp) bedeutet viel mehr, dass man den Atem tief in dieses Zentrum der Lebensenergie fließen lässt.

Dan-dzon-hohŭp ist einfach die beste Art zu atmen.

Die meisten Menschen atmen „in die Brust", das heißt, sie atmen zu flach und nutzen nur einen Teil ihrer Lungenkapazität aus. Bei der Bauchatmung atmet man tiefer, die Lunge wird nicht durch den engen Brustkorb eingeschränkt und ihr steht ihre gesamte Leistungsfähigkeit zur Verfügung. In diesem Fall wird hauptsächlich die Bauchmuskulatur gespannt und entspannt. Die Brust bleibt ruhig und unbeteiligt.

Für die folgende Atemübung möchte ich Sie mit dem „myŏng-mun" bekannt machen, einem Punkt, der sich an Ihrem Rücken zwischen dem dritten und vierten Lendenwirbel befindet, genau auf Höhe Ihres Bauchnabels. Lassen Sie uns nun mit dem myŏng-mun ein kleines Gedankenspiel machen: Ihre Nase ist eine Öffnung am Rücken, genau am myŏng-mun. Ihr Bauch ist ein Ofen, der zum Brennen genügend Sauerstoff braucht.

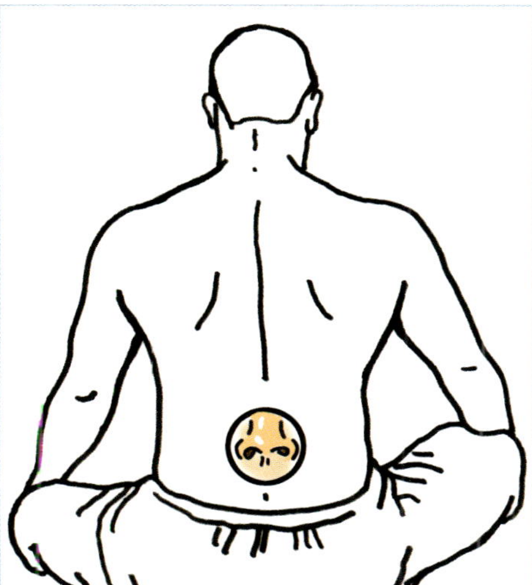

Wenn Sie nun einatmen, stellen Sie sich vor, Sie ziehen die Atemluft durch den myŏng-mun an Ihrem Rücken in den Bauchraum ein. Ihr Bauch füllt sich mit Luft und wölbt sich nach vorne. Jetzt hat der „Ofen" genug Sauerstoff, um all die vorhandenen Gifte zu verbrennen. Diese atmen Sie über den myŏng-mun auch wieder aus, um erneut wie beschrieben tief einzuatmen und so weiter.

Klingt dies seltsam für Sie? Lächerlich? Unterschätzen Sie nicht die Kraft Ihres Geistes, Ihrer Phantasie. Natürlich bedarf es einer gewissen Konzentration, sich Ihre Nasenlöcher am Rücken vorzustellen, doch Vorstellungskraft und Abstraktionsvermögen unterscheiden den Menschen vom Tier, und mit ein wenig Training wird Ihnen diese Übung nicht schwer fallen. Anfangs macht man bei dieser Übung gerne den Fehler, zu stark ein- und auszuatmen. Dadurch kann ein beklemmendes Gefühl im Brustkorb entstehen, man kann Kopfschmerzen bekommen oder sogar Schwindelgefühle. Sie können dies vermeiden, indem Sie bewusst atmen, so dass sich die Muskulatur entspannt. Fühlen Sie beim Atmen in Ihren Körper hinein, spüren Sie Verkrampfungen und lösen Sie diese allein durch Ihren Willen. Atmen Sie anfangs nicht gegen Ihren eigenen natürlichen Atemrhythmus und atmen Sie vor allem nicht zu stark ein oder aus. Durch regelmäßiges Üben entwickeln Sie nach und nach ein Gefühl für die Atmung. Außerdem verbessern solche „gedanklichen Atemwege", wie oben beschrieben, Ihre Fähigkeit, sich in Ihren Körper einzufühlen. Sie bekommen zunehmend ein besseres Körpergefühl.

Gleichmäßiges Atmen entwickelt sich nur durch langes, beständiges Üben, das Geduld und Zeit erfordert. Durch gleichmäßiges Ein- und Ausatmen wird die Atmung ruhiger und tiefer, der Körper bleibt dabei völlig entspannt.

Welche Menge an Sauerstoff Sie pro Atemzug ohne Anstrengung aufnehmen können, wird Ihnen Ihr Körper sagen – glauben Sie mir: Er weiß es und wird Ihnen dankbar sein. Der Atem sollte entspannt, ruhig und zügig sein. Bis man sich an diese Art des Atmens gewöhnt hat, muss man meistens nach 5 bis 6 Atemzügen einmal etwas kräftiger Luft holen.
Die Entwicklung dieser Atemtechnik vollzieht sich in drei Schritten:

- „Intervallatmen" mit Schwerpunkt „gleichmäßig ein- und ausatmen"
- „Ruhiges Atmen" mit Schwerpunkt „atmen mit entspannter Körpermuskulatur"
- „Optimales Atmen" mit Schwerpunkt „ruhig, tief und fließend ein- und ausatmen".

Bei allen Atemübungen sollte das Ausatmen länger dauern als das Einatmen. Sie können die Übungen im Stehen, Liegen, Sitzen und Gehen machen. Die beste Haltung aber ist der Lotussitz.

Schwebender Lotus:
Im Lotussitz drücken Sie sich mit den Händen vom Boden hoch. Der Bauchbereich und die Lendenwirbelsäule werden leicht gestreckt. Bauch- und Rückenmuskulatur werden angespannt. Das macht die Muskeln elastisch, die Bauchorgane finden wieder in ihre ursprüngliche Position zurück. Durch die Spannung in den Bauchmuskeln erhöht sich der Druck auf den Bauch, der Schließmuskel wird automatisch nach oben gezogen. So werden alle Organe im Bauch-, Hüft- und Unterbauchbereich vermehrt durchblutet und zusätzlich stimuliert. Weitere positive Auswirkungen sind:

- die Nervenfunktion in diesem Bereich wird verbessert
- die Hormonproduktion wird angeregt
- die Darmtätigkeit wird gefördert
- die Muskulatur im Lendenwirbel- und Bauchbereich wird gestärkt

Für effektive und erholsame Atemübungen sollten Sie auf folgende Punkte achten:

- Suchen Sie einen ruhigen Platz auf.
- Wenn Sie nicht im Freien sind, öffnen Sie das Fenster.
- Lockern und dehnen Sie Ihre Gelenke, Muskeln und Sehnen durch leichte, kreisende Bewegungen.
- Bewegen Sie vor allem Schultern, Brustkorb und Bauch, das beruhigt den Körper und führt zu innerer Ruhe.
- Ziehen Sie leichte Kleidung an, damit die Haut atmen kann.
- Achten Sie auf einen geraden Rücken, damit die Atemwege frei sind.
- Lockern Sie den Gürtel, damit Sie Platz zum Atmen haben.

Übrigens: Der Lotussitz ist die empfohlene Körperhaltung – ein Muss ist er jedoch nicht. Mir ist bewusst, dass Sie nicht immer und überall diese Körperhaltung einnehmen können, da Sie wahrscheinlich oft unterwegs sind, und vielleicht auch nicht immer den geeigneten Platz finden. Doch wenn Sie Ihre Atemtechniken gelernt haben und beherrschen, dann können Sie diese auch ganz „nebenbei" betreiben. Für die Übungen allerdings sollten Sie sich durchaus ein wenig Zeit nehmen.

Wenn die Luft knapp wird

Für Atemnot gibt es viele Ursachen – zum Beispiel Lungenerkrankungen, chronische Bronchitis, Asthma oder Herzleiden. Wenn Sie unter Atemnot leiden, sollten Sie die Ursache auf jeden Fall von einem Arzt oder Heilpraktiker klären lassen.
Durch Rauch, Abgase und Schleim verschmutzte Lungen sind stark beeinträchtigt, da sich die Elastizität der Lungenbläschen dadurch verringert. Das Atmen wird schwerer und man beginnt, flacher zu atmen. Um sich das Atmen vermeintlich zu erleichtern, nimmt man eine Schonhaltung ein, so dass der Oberkörper nach vorne sinkt. Eine solche Haltung macht tiefes Atmen so gut wie unmöglich. Auch Übergewicht wirkt sich negativ auf das Atmen aus, denn das Zwerchfell kann sich nur noch eingeschränkt bewegen. Das spüren auch Frauen, die schwanger sind.

Um tief und entspannt atmen zu können, ist es ganz wichtig, Rücken und Schultern möglichst aufrecht zu halten. Versuchen Sie dies auch stets im Sitzen, denn vor allem dann, wenn wir konzentriert vor Aktenstapeln oder einem Monitor sitzen, vergessen wir sehr rasch, auf unsere Körperhaltung zu achten. Manchen Menschen hilft es, sich kleine Merkzettelchen auf dem Schreibtisch zu verteilen: „Haltung" könnten Sie darauf schreiben, und immer, wenn Ihr Blick auf ein solches Zettelchen fällt, setzen Sie sich wieder aufrecht hin. Je häufiger Sie dies tun, desto eher wird Ihnen die richtige Körperhaltung in Fleisch und Blut übergehen und desto seltener müssen Sie sich dazu zwingen.

Übrigens: Mit gezielten Übungen kann der Brustkorb gedehnt werden, so dass die Voraussetzung für eine tiefe, gesunde Atmung geschaffen wird:

- Bauchatmen (Lotus oder halber Lotus)
- Oberkörpergymnastik

Vogelschlag

Arme vor der Brust mit Schwung kreuzen. Dabei den Rücken rund machen und die Knie leicht beugen. Dadurch wird der Rücken gedehnt. Dann die gestreckten Arme weit öffnen und die Knie strecken.

- Brust und Schultern werden gedehnt
- 20 – 30 Wiederholungen

Man-she

Arme hängen mit den Handrücken nach vorne neben dem Körper. Jetzt die gestreckten Arme mit Schwung so weit nach oben ziehen, bis es nicht mehr geht. Anschließend die Arme gestreckt sinken lassen und neben dem Körper nach hinten schwingen. Dann wieder mit Schwung nach oben

- dehnt und streckt den Körper vom Schambein bis zum Kinn
- kräftigt und dehnt die Schulter
- wenn man sich beim Nach-oben-Schwingen noch auf die Zehenspitzen stellt, werden auch noch die Unterschenkel trainiert
- auf einen runden Bewegungsablauf achten
- 50 – 100 Wiederholungen

Dreier-Klatschen

In einem ununterbrochenen, fließenden Ablauf wird einmal vor dem Körper, einmal über dem Kopf und einmal hinter dem Körper geklatscht.

- die Reflexzonen der Innenhandfläche werden stimuliert
- die Schultern, Arme und Hände werden bewegt
- dies führt zu einer Steigerung der Gehirntätigkeit

Bauchmassage

Wir beginnen die Bauchmassage mit der linken Hand und setzen die Finger unterhalb des rechten Rippenbogens so weit außen wie möglich an. Dann ziehen wir die Hand mit gleichmäßigem Druck quer über den Bauch nach rechts. Optimal sind 36 Wiederholungen. Danach dasselbe mit der rechten Hand beginnend unterhalb des linken Rippenbogens. Ebenfalls 36 Wiederholungen. Zum Schluss drücken wir am Ende des Brustbeins mit beiden Händen noch ein paar Mal fest nach innen.

Bauchatmen
- einatmen durch die Nase
- der Bauch wölbt sich nach vorne

- ausatmen langsam durch den Mund
- der Bauch zieht sich zurück

苦盡甘来

Blasenentzündung

Eine Blasenentzündung ist eine extrem unangenehme Angelegenheit. Sie wird meistens durch eine Bakterieninfektion auf der Schleimhaut der Blase hervorgerufen. Sie entsteht hauptsächlich bei Menschen, die im Sitzen arbeiten oder aus anderen Gründen lange sitzen müssen. Dadurch drücken alle Organe auf die Blase, die durch diese Druckbelastung geschwächt wird. Außerdem können sich Bakterien leichter und schneller vermehren, wenn man tagsüber nur selten zur Toilette geht und damit der Urin zu lange in der Blase bleibt. Um dies zu verhindern, sollte man möglichst viel trinken - am besten Wasser oder Tee. Das fördert den Gang zur Toilette von allein. Die Flüssigkeit reinigt die Blase und macht damit den Bakterien das Leben schwer.

Aber auch mit richtigem Atmen (Dan-dzon-hohŭp) können Sie dafür sorgen, dass eine Blasenentzündung erst gar nicht auftritt oder – falls es bereits dazu gekommen ist – schneller ausheilt. Dan-dzon-hohŭp bewirkt, dass der Unterbauch stärker durchblutet und die Lebensenergie (Ki) an dieser Stelle gebündelt wird. Der Stoffwechsel erhöht sich, so dass die Bakterien besser bekämpft werden. Die für die Blase zuständigen Abwehrkräfte werden angeregt und gestärkt.

Atmen ist ein lebensnotwendiger Vorgang. Es passiert automatisch, lässt sich aber durch bewusste Beeinflussung verbessern. Bewusstes Atmen wirkt sich immer auch auf das Wohlbefinden positiv aus, macht einen gesünder und steigert die Lebensqualität. Durch kontrolliertes Atmen lassen sich Körper und Geist willentlich beeinflussen, wodurch sich manche Stresssituation besser meistern lässt.

In Asien erzählt man sich folgende Geschichte:

In Kriegszeiten musste die Familie eines vierjährigen Mädchens fluchtartig ihr Haus und das Land verlassen. Um ihr eigenes Leben zu retten, setzten die Erwachsenen das Mädchen in einer Höhle ab, gaben ihm noch eine Essensration und flüchteten ohne das Kind. Es vergingen drei Jahre, bis die Familie wieder zu ihrem Haus zurückkam. Die Mutter suchte sofort die Höhle auf, um der toten Tochter die letzte Ehre zu erweisen. Aber sie fand keine Leiche. Die Tochter lebte. Die Mutter erschrak, freute sich jedoch über alle Maßen. Sie konnte aber nicht verstehen, wie die Tochter drei Jahre ohne Nahrung überlebte.

Die Tochter zeigte auf eine Schildkröte, die sich auch in der Höhle aufhielt. Diese streckte von Zeit zu Zeit ihren Kopf aus dem Panzer und holte tief Luft. Das Kind erzählte der Mutter, dass es nach einiger Zeit in der Höhle angefangen hatte, wie die Schildkröte zu atmen und damit der Hunger vergangen sei.

Ooh – ich ahne, was Sie jetzt denken. Wie konnte die Mutter das Kind nur zurücklassen? Das ist ja barbarisch. Stop. Bitte denken Sie daran: Erstens handelt es sich bei dieser Geschichte um eine Legende, deren Wahrheitsgehalt sehr umstritten sein dürfte, zweitens kommt es auf eine andere Aussage an, ist etwas ganz anderes der „springende Punkt": das Atmen der Schildkröte. Die Geschichte will uns lehren, dass durch „richtiges und bewusstes Atmen" dem Körper sehr vieles möglich ist, was ihm ansonsten verwehrt bleiben würde. Nein, ich bin nicht der Meinung, dass ich selbst, der ich sehr genau weiß, wie ich optimal atme, drei Jahre ganz ohne Nahrung überleben könnte. Ich hätte wahrscheinlich nach einer Weile die Schildkröte gegessen…

Und wenn Sie jetzt immer noch empört sind, wie die Eltern mit dem armen Mädchen umgegangen ist, so denken Sie bitte an eines der beliebtesten Märchen Ihrer Heimat: „Hänsel und Gretel". Wurden diese nicht auch von den Eltern im Wald ausgesetzt?

Erkältung

Zunächst gilt es, mit einem Vorurteil aufzuräumen. Eine „Erkältung" entsteht nicht durch das Empfinden großer „Kälte". Das heißt – Sie werden nicht automatisch krank, wenn Sie sich bei Minustemperaturen im Freien aufhalten. Vielmehr ist es so, dass allgemeine Schwäche, Müdigkeit und Unterkühlung des Körpers dem Immunsystem zusetzen. Ein Virus hat somit leichtes Spiel, sich auszubreiten. Und wenn er das getan hat, sprechen wir von einer „Erkältung".
Zu viel eiweißhaltiges Essen schwächt den Körper noch mehr, weil er dadurch übersäuert wird. Auch Vitamin- und Mineralstoffmangel können zu einer Erkältung führen. Hat sich ein Virus im Körper festgesetzt, äußert er sich an verschiedenen Stellen. Muskeln und Sehnen verspannen und verhärten sich – typische Anzeichen einer Grippe. Der Satz „Mir tut einfach alles weh", ist fast immer auf einen solchen Virus zurückzuführen. Diese Schmerzen führen zu einer gebeugten Haltung. Sich zu bewegen fällt schwer, und das hat weitere Probleme zur Folge. Durch eine starre Haltung des dritten Brustwirbels ist zum Beispiel die Nervenverbindung zur Lunge eingeschränkt. Es entsteht ein Druck auf den Solarplexus. Der Atem wird flach, und der Körper wird dadurch nicht mehr ausreichend mit Sauerstoff versorgt. Das wirkt sich auch auf die Verdauung aus. Man fühlt ein Unbehagen im Bauch, oft schmerzen die Nieren, was wiederum zu Verspannungen im Lendenwirbelbereich führt. Auch Schultern und Nacken sind verkrampft. Solche Verspannungen können bis in die Fußsohlen reichen. Muskelverspannungen haben meistens auch eine ungerade Haltung zur Folge. Liegen zum Beispiel die Brustwirbel 5 bis 7 schief aufeinander, so schlägt sich das auf den Magen nieder. Appetitlosigkeit oder, im Gegenteil, übermäßiges Verlangen nach Essen können auftreten. Husten, Schnupfen, Gliederschmerzen und Fieber tragen das Ihre dazu bei, dass man sich schlecht fühlt.
Was tun? Gegen das Virus als solches können Sie nicht viel unternehmen. Aber es gibt immerhin einige „Sofortmaßnahmen", mit denen Sie sich Erleichterung verschaffen können:
Eine Bauchmassage regt die Verdauung an, Gifte können leichter ausgeschieden werden. Durch eine Massage der verspannten Körperpartien wird die Muskulatur wieder weich. Bewusstes Husten mit gleichzeitigem Herausstrecken der Zunge erhöht die Körpertemperatur, entspannt und löst den Schleim in der Lunge. Ins Schwitzen kommen Sie auch durch die Übung „Ch'ŏn-gŭn man-gŭn", die ich Ihnen im nächsten Kapitel ausführlich beschreiben werde. All diese Maßnahmen und Übungen können Sie schon vornehmen, wenn sich erste Anzeichen der Erkältung andeuten – so lange Sie also noch einigermaßen fit sind, aber schon das Schlimmste befürchten müssen. Als Getränk eignet sich bei einer Erkältung übrigens vor allem Ingwertee mit Salz. Dafür wird frischer Ingwer gerieben und mit Wasser und etwas Salz aufgekocht.
Eine weitere Übung:
Auf den Rücken liegen, alle Muskeln anspannen, besonders die Rückenmuskulatur, so dass die Hüfte vom Boden abhebt. Nun kräftig ein- und ausatmen. Damit erhöhen Sie die Körpertemperatur schnell. Hüllen Sie sich anschließend in eine Decke und schwitzen Sie kräftig, achten Sie besonders auf warme Füße. Füße sind nämlich das körpereigene Thermometer.

Nach der Schwitzkur eignen sich folgende Übungen:

- Kerze, Beine nach unten ablegen, und wieder Kerze (drei bis vier Wiederholungen)
- Kopfstand
- Fuß- und Handreflexzonenmassage
- Zunge-raus-Übung: Zunge herausstrecken, die Luft vom Damm bis nach oben hinauspressen und dabei Heee-Laute machen.

Die soeben beschriebenen Übungen stärken das Immunsystem, die Massagen regen unter anderem den Kreislauf an, ein zu hoher Blutdruck wird gesenkt.

Tipp: Eine Erkältung kommt fast immer unerwartet. Sie können diese Übungen auch ausgezeichnet zur Vorbeugung verwenden.

Zunge raus
Einatmen durch die Nase. Beim Ausatmen die Zunge herausstrecken und die Luft mit aller Kraft aus dem Bauch herausdrücken. Dabei ein kräftiges „Heee" ausstoßen und die gesamte Muskulatur des Oberkörpers anspannen.

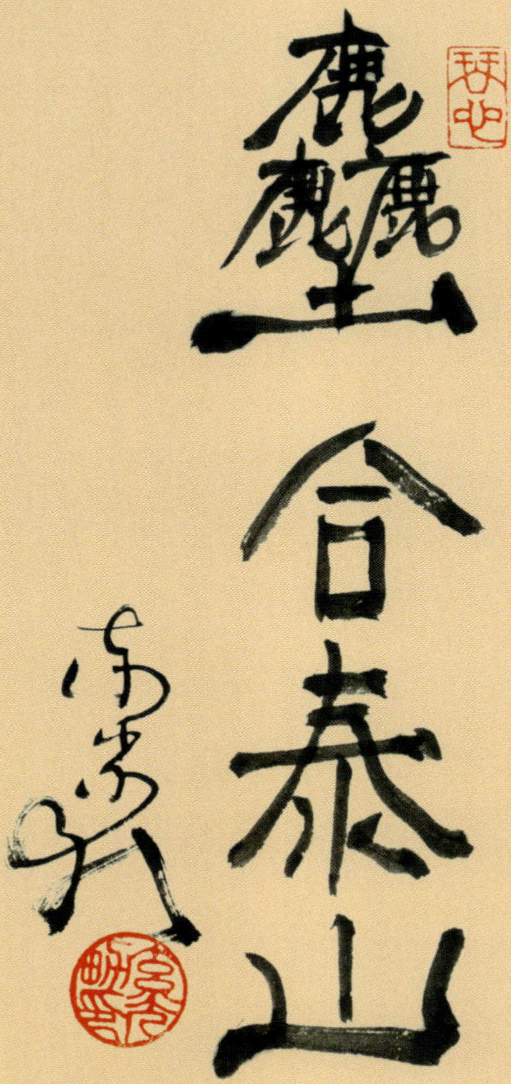

Auch ein großer Berg besteht aus vielen kleinen Steinen

CH'ŎN-GŬN MAN-GŬN – DER REITER, DER BAUM UND DER BRÄUTIGAM

천근만근 Übersetzt man den koreanischen Namen für diese Übung ins Deutsche, dann wird aus Ch'ŏn-gŭn man-gŭn etwa: „Aus 1000 Pfund werden 10 000 Pfund". Dieser Name drückt den Kern der Übung sehr gut aus. Bitte denken Sie nun aber nicht, es gehe um ein Beispiel für die Fähigkeiten asiatischer Rechenkunst. Mit Mathematik hat dies nichts zu tun… In allen Budo-Sportarten gibt es eine Stellung, die Körper und Geist in das absolute Gleichgewicht bringt: die so genannte „Reiterstellung". Mit ihr wird Ihr Körper stark wie ein großer Baum mit tiefen, festen Wurzeln. Gleichzeitig führt die Konzentration auf diese Position zu einer inneren Balance und damit zu geistig-seelischer Kraft. Nach wenigen Minuten in der „Reiterstellung" haben Sie das Gefühl, 1000 kg auf den Schultern und noch viel mehr auf den Oberschenkeln zu tragen. Ihre Füße versinken langsam in den Boden. Und auf ganz natürliche Weise atmen Sie in den Bauch hinein.

Diese Übung wirkt wie ein Medikament ohne schädliche Nebenwirkungen. Mit ihr stärken Sie den gesamten unteren Bereich Ihres Körpers. Fettpolster an Beinen und Hüften verschwinden und die Muskulatur baut sich auf. Nahrungsaufnehmende, nahrungsverdauende und ausscheidende Organe werden stimuliert, Verdauungsbeschwerden und Verstopfung lösen sich auf.

Die „Reiterstellung" ist einfach auszuführen und auch für Menschen geeignet, die unter Knieschmerzen leiden, ein schwaches Herz oder Kreislaufprobleme haben und deshalb keinen Sport mehr ausüben können. Für eine gute Wirkung ist regelmäßiges üben jedoch unerlässlich. Schließlich erwartet auch niemand nur vom Lesen des Beipackzettels eines Medikaments Besserung.

Wie stellt sich diese Reiterstellung nun optisch dar? Ganz einfach: Setzen Sie sich auf einen imaginären Stuhl. Anders ausgedrückt: Stellen Sie sich mitten im Raum einen Stuhl vor, den nur Sie selbst sehen können, und nehmen Sie darauf Platz. Die Beine sollten dabei etwas mehr als Schulterbreite auseinandergestellt werden. (Der „Damensitz" mit übereinander gelegten Beinen eignet sich zunächst natürlich nicht, es sei denn, Sie wollen lernen, wie die Don-Kosaken zu tanzen.) Die Hände können Sie dabei nach vorne nehmen und ineinander verschränken oder Sie legen sie locker auf die Oberschenkel. Das Gewicht sollte auf der Fußmitte liegen. Fortgeschrittene können die Übung noch intensivieren, indem sie das Gewicht auf die Fußballen verlagern und die Fersen leicht anheben.

Nach relativ kurzer Zeit spüren Sie schon kräftig die Muskeln in den Beinen und fangen an zu schwitzen. Ihr Körper verlangt jetzt nach immer mehr Sauerstoff, und wie von selbst beginnen Sie, tief in den Bauch hinein zu atmen.

Jetzt bitte nicht aufgeben, sondern weiterüben, bis die Muskeln in den Beinen und im ganzen Körper leicht zittern! Probieren Sie's aus.

Bergtragen

Ch'ŏn-gŭn man-gŭn 1

- Beine etwas mehr als Schulterbreite auseinander
- Füße parallel, Zehen schauen nach vorne
- Knie leicht beugen
- Arme gebeugt nach unten, Handflächen nach oben
- Rücken gerade halten
- Diese erste Variante von Ch'ŏn-gŭn man-gŭn eignet sich besonders gut für Anfänger, ältere Menschen und Leute mit hohem Blutdruck.
- Man sollte diese Stellung anfangs etwa 1 – 2 Minuten aushalten und dann die Dauer langsam bis auf 5 Minuten oder mehr steigern, (vielleicht auch an der Bushaltestelle beim Warten).

Ch'ŏn-gŭn man-gŭn 2

- Wem Ch'ŏn-gŭn man-gŭn 1 nicht genügt, der kann die Intensität steigern, indem er die Knie bis zum 90°-Winkel beugt.
- eine letzte Steigerung ist, wenn man sich zusätzlich auf die Zehenspitzen stellt.
- Auch hier wieder auf die Atmung achten!
- Rücken gerade halten!

Sie können diese Übung übrigens auch ausgezeichnet zu zweit machen. Das Aufgeben nach zu kurzer Zeit wird dadurch ein wenig schwieriger. Dazu halten Sie einfach Ihren Partner an den Händen. Sie können auch die Arme immer abwechselnd hin und her bewegen, wie beim Sägen – am besten immer gegen einen Widerstand Ihres Partners. Das trainiert dann gleichzeitig die Arme und lenkt ein wenig von dem beißenden Gewicht in den Beinen ab. Achten Sie aber darauf, nur die Arme zu bewegen! Der Oberkörper wird nicht mitgedreht, weil sonst schnell die Belastung in der Lendenwirbelsäule zu groß werden kann!
Eine andere Form dieser Partnerübung sieht vor, dass man sich Rücken an Rücken stellt und dann die Reiterstellung einnimmt. Auch damit erzielen Sie gute Erfolge, vorausgesetzt keiner der beiden Übenden benutzt den anderen als bloße „Stütze".
30 Minuten dieser Übung sind genauso intensiv und effektiv wie eine dreistündige Bergwanderung – ein hervorragendes Sauerstofftraining ohne Belastung der Gelenke. Wenn es ein „Instant-Training" geben sollte, dann ist es wahrscheinlich diese Übung: nach kurzer Zeit hochwirksam. Aber bitte glauben Sie nicht, Sie müssten jetzt auf Anhieb 30 Minuten durchhalten. Fangen Sie mit zwei, drei Minuten an und steigern Sie Ihre Leistung von Tag zu Tag.

Auf dem Weg zum Ch'ŏn-gŭn man-gŭn-Profi sollten Sie die folgenden Tipps beachten:
- Führen Sie die Übung immer technisch sauber aus!
- Vermeiden Sie Überanstrengung genau so wie zu frühes Aufgeben!
- Finden Sie Ihre Mitte!
- Diese Übung beansprucht nicht nur Ihre Muskeln, sondern in gleichem Maße auch Ihren Willen!
- Sie verändert Ihren Körper und Ihren Geist!

Hier seien noch ein paar verschiedene Möglichkeiten der Armhaltung angeführt. Dadurch lässt sich die Belastung im Bereich des Schultergürtels variieren:
- Arme gestreckt nach vorne
- Handflächen nach oben drehen
- Oberarme senkrecht nach unten hängen lassen
- Unterarme im 90° Winkel dazu anheben
- Handflächen nach oben drehen
- Arme vor dem Körper strecken
- Finger ineinander verschränken
- Hände fest zusammendrücken
- Arme vor dem Körper strecken
- Finger ineinander verschränken
- Handflächen nach außen drehen und nach vorne schieben

Ch'ŏn-gŭn man-gŭn ist übrigens eine hervorragende Übung für Menschen mit Knieproblemen.
- durch die statische Haltung wird das Kniegelenk geschont und trotzdem Muskulatur aufgebaut;
- dadurch wird das Knie stabilisiert
- durch eine kräftige Muskulatur wird die Belastung für das Knie verringert

Auch für Menschen mit zu hohem Blutdruck, die mit vielen anderen Sportarten Probleme haben, ist Ch'ŏn-gŭn man-gŭn gut geeignet:
- die gesamte Körpermuskulatur wird trainiert
- die inneren Organe werden stimuliert
- der Stoffwechsel wird angeregt, ohne den Kreislauf zu belasten
- Fettpölsterchen im Bereich der Hüfte und Oberschenkel verschwinden

Nach der starken Belastung der Oberschenkel und auch der Fußsohlen sollten Sie für Entspannung derselben sorgen. Dafür bietet sich folgende Übung an:
- Beine gut ausschütteln
- Kreislaufgymnastik
- die Fußsohlen mit der Faust schlagen

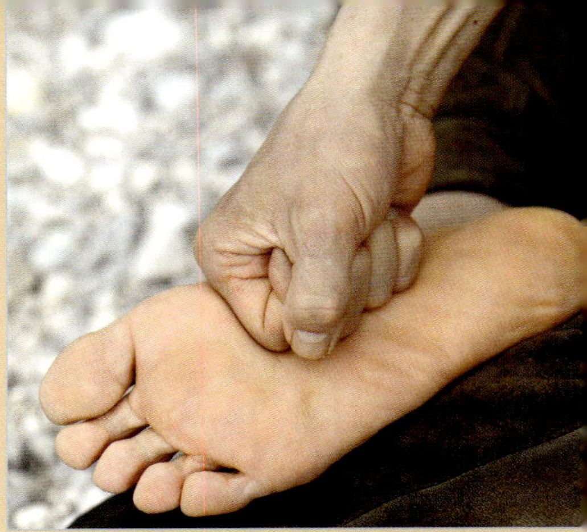

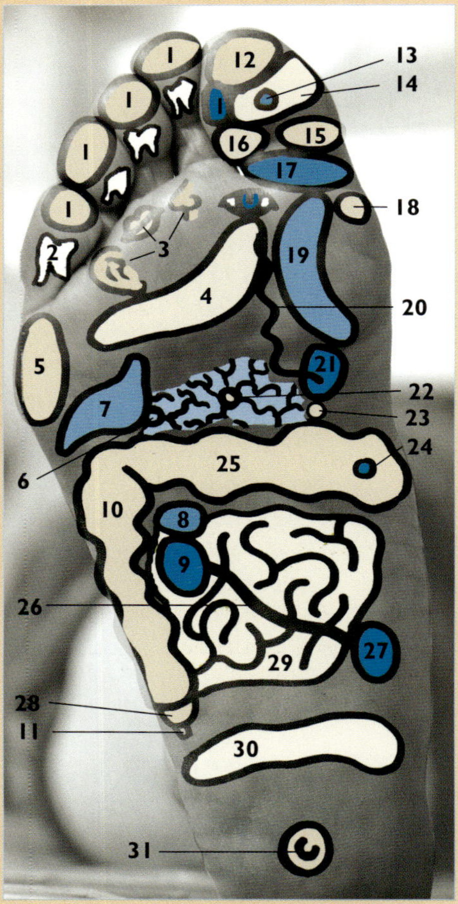

1 Schläfe, Stirnhöhlen
2 Zähne
3 Sinnesorgane, Augen, Nase Mund, Ohr
4 Lunge, Bronchien
5 Schulter
6 Gallenblase
7 Leber
8 Nebenniere
9 Niere
10 Aufsteigender Dickdarm
11 Blinddarm
12 Schädeldach
13 Hypophyse
14 Grosshirn
15 Kleinhirn
16 Hirnstamm
17 Nacken
18 Nebenschilddrüse
19 Schilddrüse
20 Speiseröhre
21 Magen
22 Solarplexus
23 Bauchspeicheldrüse
24 Zwölffingerdarm
25 Querdarm
26 Harnleiter
27 Blase
28 Baun`sche Klappe
29 Dünndarm
30 Ischialgen
31 Keimdrüsen Mann und Frau

Im alten Korea war das Sohlenschlagen sozusagen Bestandteil eines Hochzeitsbrauchs:

Vor der Hochzeitsnacht pflegte man zuweilen den Bräutigam zu „bestrafen". Heiratete nämlich ein Mann eine Frau aus einem anderen Dorf, so nahm er damit schließlich den dortigen ledigen Männern ein heiratsfähiges Mädchen weg. Das konnten die Männer nicht so ohne weiteres auf sich sitzen lassen. Am Tag der Hochzeit flochten sie aus Baumwolltüchern ein Tau. An den Fußgelenken festgebunden, zog man den Bräutigam damit über den Querbalken des Hauses nach oben, wo er dann kopfüber herabhing. Dann schlugen die Männer mit Stöcken auf die Füße des Bräutigams. So wurde er genötigt, sich mit Geld aus dieser Situation freizukaufen. Die ledigen Männer hatten dabei ihren Spaß und danach auch etwas Geld, um zu feiern.
Gleichzeitig wurde der Bräutigam durch diesen Brauch für die Hochzeitsnacht vorbereitet. Der „Kopfstand" nämlich half, sein Gehirn zu durchbluten. Die inneren Organe wurden durch die umgekehrte Haltung stimuliert und entlastet, die „Fußreflexzonenmassage" regte den ganzen Körper an und stimulierte seine Sexualorgane. Die Braut, die ihren Mann da normalerweise zum ersten Mal sah, konnte sich schon mit bloßem Auge von seiner Gesundheit überzeugen.

Wenn ich morgens zu Fuß von meinem Münchner Zuhause in den Dochang (meine Taekwondo-Schule) gehe, mache ich im wunderschönen Englischen Garten halt. An einem extra von mir ausgewählten Gymnastikplatz übe ich täglich Ch'ŏn-gŭn man-gŭn. Dort stehe ich dann bis zu 30 Minuten in der „Reiterstellung", bei Regen, Schnee und Kälte genau so wie an heißen Sommertagen. Oft werde ich von verwunderten Spaziergängern angesprochen und gefragt, was ich da mache. Dann lächle ich und antworte: „Ich habe meinen Stuhl vergessen."
„T'zak shin sam il" sagen wir in Korea, was so viel heißt wie: „Eine Entscheidung hält nur drei Tage". Ch'ŏn-gŭn man-gŭn beugt dieser Haltung vor, denn ohne eine gehörige Portion Geduld und Selbstüberwindung wird diese Übung nicht zum Erfolg führen. Doch nach einiger Zeit des Durchhaltens werden Sie nicht nur ein unendliches Gewicht tragen, sondern auch viele andere Schwierigkeiten in Ihrem täglichen Leben leicht schultern können.
Die Übung von Körper und Geist ist unsere wichtigste Aufgabe, damit wir dem alltäglichen Leben und Schicksal standhalten können. Weil der Mensch immer erst zu dem werden muss, was er eigentlich ist, sollte man ihn nicht „sapiens", den Wissenden, sondern „exercens", den Übenden, nennen. Denn die Natur hat uns nichts Endgültiges geschenkt, dafür aber eine unglaubliche Anpassungsfähigkeit. Aber übertreiben Sie diese Anpassungsfähigkeit nicht!

Finden Sie Ihre Mitte!

Yang und Ŭm – das gilt auch für Übungen

Nun muss ich wieder auf Yang und Ŭm, die Gegensätze, zurückkommen. Denken wir uns nun einen Baum, um die folgende Übung besser zu verstehen. Die Wurzeln symbolisieren das Ŭm-Prinzip, die Baumkrone das Yang-Prinzip. Größe und Qualität der Baumkrone aber sind abhängig von der Beschaffenheit der Wurzeln, sprich: Nur die Einheit von Yang und Ŭm lässt einen schönen, kräftigen Baum entstehen.

Beim Menschen verhält es sich in gleicher Weise. Da Ch'ŏn-gŭn man-gŭn hauptsächlich den unteren Teil des Körpers beansprucht, ist sie eine Ŭm-Übung. Um auch hier die Einheit von Yang und Ŭm herzustellen, sollte man auf Ch'ŏn-gŭn man-gŭn eine Yang-Übung folgen lassen, die nun den oberen Teil des Körpers anregt.

Oberschenkeltraining

Der liegende Partner setzt die Füße im Bereich der Hüfte (oder etwas höher) an. Der stehende Partner sollte darauf achten, dass er während der ganzen Übung seine Körperspannung beibehält und immer gerade bleibt. Seine Hände liegen auf den Unterschenkeln seines Partners. Der liegende Partner benutzt den Stehenden wie ein Gewicht, indem er die Knie anwinkelt und wieder streckt.

- 20 – 50 Wiederholungen
- darauf achten, dass ein Partner für den anderen nicht zu schwer ist

Knie drücken

Der Liegende winkelt die Knie so weit wie möglich an. Sein Partner legt sich mit der Hüfte auf die Unterschenkel und drückt mit seinem Gewicht die Knie auf die Brust seines Partners. Der untere Partner umfasst mit beiden Händen die Taille des oberen und zieht ihn fest nach unten.

Froschhandstand

Der untere Partner setzt die Füße am Hüftgelenk des oberen an. Der obere Partner stützt sich mit den Händen neben dem Kopf des unteren ab. Zur Stabilisierung beim Hochheben hält der untere Partner den oberen an den Schultern fest. Dann hebt der untere den oberen langsam mit den Beinen nach oben. Der obere steht jetzt wie im Handstand auf den Händen, wird aber vom unteren mit den Beinen gehalten. Der obere stellt die Fußsohlen aneinander und winkelt die Knie nach außen an. Haben beide Partner diese Stellung stabilisiert, massiert der untere den Hals des oberen.

- auf geraden Rücken achten
- auf korrekte Beinhaltung achten, damit der untere nicht abrutscht

Knie drehen
Auf dem Rücken liegen, Knie anwinkeln und Füße geschlossen auf den Boden stellen. Der Partner fasst nun mit beiden Händen die Knie und beschreibt einen großen Kreis.

- 5mal links herum und 5mal rechts herum

Ein starkes Herz wird nicht schwach

Durch Bewegungsmangel wird die Tätigkeit des Herzmuskels stark vernachlässigt, der Herzmuskel baut ab und ist nur noch schwach belastbar.

Für Menschen, die es versäumt haben, ihren Herzmuskel ausreichend zu trainieren, gilt: Sport kann Mord sein. Plötzliche intensive Trainingseinheiten können bis zum Herzinfarkt führen. Will man mit einem Training beginnen, sollte man sich seiner Leistungsfähigkeit sehr bewusst sein. Bei Überanstrengung kann zu hoher Blutdruck entstehen, der zu Herz-Kreislauf-Erkrankungen führen kann.

Für jedes Training gelten folgende Grundsätze:

- Erhöhen Sie die Trainingsintensität langsam. Ihr Körper sagt Ihnen, wie viel ihm gut tut. Hören Sie auf ihn!
- Wärmen Sie Ihren Körper vor dem Training zuerst mit leichten Kreislaufübungen und leichtem Stretching auf.
- Erst danach steigern Sie die Trainingsintensität.
- Damit der Kreislauf sich wieder normalisiert, machen Sie zum Schluss leichte Dehnungsgymnastik.

So kann der Herzmuskel langsam aufgebaut und der Blutkreislauf verbessert werden. Sport wird damit zur Medizin.

Einige Übungen, um den Kreislauf in Schwung zu bringen:

- Kreislaufgymnastik (siehe S. 20)
- 12-Gelenke-Übung (siehe S. 21)
- Ch'ŏn-gŭn man-gŭn

Ein Schnellkochtopf ohne Ventil explodiert

Das beste Mittel gegen Bluthochdruck ist körperliche und geistige Entspannung. Auch hier eignet sich die Atemtechnik Dan-dzon-hohŭp (siehe Kapitel 2 Kŏbugi hohŭp) hervorragend, um den Körper zu entspannen, die Atmung und den Kreislauf natürlich und leicht fließen zu lassen. Nach Möglichkeit sollten zu harte körperliche Arbeit, anaerobes Krafttraining und extreme, sportliche Belastungen vermieden werden. Bei zu hohem Blutdruck eignet sich leichtes aerobes Ausdauertraining wesentlich besser.

Übungen:

- Dan-dzon-hohŭp
- alle Übungen aus Kapitel 1 Do-in-sul
- Ausnahmen bei Bluthochdruck:
    - Kopfstand
    - Kerze

Aerob – anaerob

Bei aerobem Training kann der Sportler durch die Atmung ausreichend Sauerstoff zur Verfügung stellen, um die Energiegewinnung in den. Muskeln sicher zu stellen, d.h. er muss keine Sauerstoffschuld eingehen.

Im Gegensatz dazu kann bei anaerobem Training über die Atmung nicht genügend Sauerstoff für die Energiegewinnung in die Muskeln transportiert werden, d.h. der Körper muss eine Sauerstoffschuld eingehen, der er aber durch eine Reduzierung der Trainingsintensität schnell Rechnung tragen muss.

Ursache eines zu niederen Blutdrucks ist – genauso wie beim Bluthochdruck – eine Funktionsstörung des Kreislaufs. Deshalb sollte auch bei zu niedrigem Blutdruck die Leistungsfähigkeit des Herzens verbessert werden, damit der Kreislauf gestärkt wird.

Übungen bei zu niedrigem Blutdruck:

- Dan-dzon-hohŭp mit Luft anhalten: Einatmen, Luft anhalten, ausatmen, Luft anhalten, wieder einatmen usw. Achten Sie darauf, die Luft nicht zu lange anzuhalten, damit Sie immer kontrolliert atmen können. Mit der Zeit kann die Dauer des Luftanhaltens langsam gesteigert werden.
- alle Übungen aus Kapitel 1 Do-in-sul

Kampf den Krampfadern

Krampfadern entstehen hauptsächlich bei Menschen, die durch ihren Beruf lange sitzen oder stehen müssen. Dadurch kann Blutstau entstehen. Dem können Sie leicht entgegenwirken, indem Sie Ihre Beine bewegen.
Wenn Sie bei der Arbeit lange stehen müssen, können Sie beispielsweise immer wieder zwischendurch im Stand „gehen". Durch diese Bewegung spannen und entspannen sich die Beinmuskeln. Das Blut wird durch die Muskelbewegungen besser durch die Adern gepumpt, wodurch der Blutkreislauf im Körper wieder in Schwung kommt und die Muskeln selbst stärker durchblutet werden. So wird das Blut immer wieder über das Herz durch den ganzen Körper geschickt und staut sich nicht in den Beinen.
Für Menschen, die in hohen Bürohäusern arbeiten, ist das Treppenhaus der ideale Ort für kurze „Bewegungspausen". Die meisten Menschen fahren bekanntlich lieber mit dem Aufzug, und es gilt hier leider die Faustregel: Je höher das Haus, desto leerer das Treppenhaus. Es wird also kaum jemandem auffallen, wenn Sie mal eine Viertelstunde rauf und runter gehen.
Wenn Sie allerdings lange Zeit sitzen müssen und keine „Bewegungspausen" einlegen können, ist es gut, zwischendurch abwechselnd die Zehen und Fersen zu strecken, um dadurch die Muskeln in den Beinen anzuregen.
Eine tägliche kleine Wanderung oder regelmäßige Spaziergänge nach der Arbeit beugen Krampfadern ebenfalls sehr wirksam vor.

Übungen, die den Kreislauf in Schwung bringen (außer Ch'ŏn-gŭn man-gŭn):

- Käferübung (siehe Kapitel 1 Do-in-sul)
- 12-Gelenke-Übung (siehe S. 21)
- Kopfstand (siehe S. 22)

Nur auf starken Knochen steht man fest

Osteoporose (Knochenschwund) ist eine regelrechte Zivilisationskrankheit geworden, die vor allem Frauen heimsucht. Sie äußert sich darin, dass die Knochendichte abnimmt. Dadurch erhöht sich die Gefahr, einen Knochenbruch zu erleiden. Auch die Wirbelsäule kann ihre Last nicht mehr richtig tragen, und in der Folge treten Rückenschmerzen auf. Um diese zu vermeiden, nimmt man automatisch eine Schonhaltung ein, was aber mit der Zeit zu einer Verkrampfung der Muskulatur führt. Das Ergebnis ist eine zunehmende Steifheit und Unbeweglichkeit.

Hier beginnt ein Teufelskreis, der fatale Auswirkungen auf den Körper hat: Bewegt man sich nicht, sinkt der Calciumgehalt des Blutes. Über die Nahrung allein nimmt der Körper Calcium aber nur bedingt auf. Nur bei Belastung von Muskeln und Knochen ver-

langen diese nach Nahrung, sprich Calcium, um ihre Leistung zu erbringen. Doch diese Belastung der Muskeln fällt dem Körper durch den Calciummangel immer schwerer. Unangenehme Situation, oder?
Bei Astronauten wird häufig Osteoporose bzw. ein geringer Calciumgehalt im Blut beobachtet, da durch die langen Aufenthalte in der Schwerelosigkeit die Muskeln und Knochen nicht belastet werden. Als Folge scheidet der Körper das durch die Nahrung aufgenommene Calcium sofort wieder aus. Bewegung ist also mindestens genauso wichtig wie eine ausgewogene Ernährung, da nur durch sie gewährleistet ist, dass das mit der Nahrung zugeführte Calcium vom Körper verwertet werden kann.

Eine ideale Übung zum Muskelaufbau und zur Verbesserung der Knochendichte ist Ch'ŏn-gŭn man-gŭn:

- Die Beine und die Rückenmuskulatur im Bereich der Lendenwirbelsäule werden hervorragend trainiert.

Auch die Rücken-Partner-Übung (siehe Kapitel 4 Nŭng-sŏn) eignet sich gut, um Muskeln aufzubauen:

- Die Muskeln entlang der gesamten Wirbelsäule werden trainiert.
- Osteoporose der Wirbelsäule wird vorgebeugt.

Calcium

Der Mineralstoff Calcium ist wichtig für die Regulation des Stoffwechsels und vor allem für den Aufbau von Knochen und Zähnen. Besonders Schwangere sollten wegen des erhöhten Bedarfs auf eine ausreichende Calciumversorgung achten. Auch für ältere Frauen ist auf Grund des hohen Osteoporoserisikos eine gute Calciumversorgung notwendig. Besonders Milch und Milchprodukte – vor allem Hartkäse – sind reich an Calcium in einer für den Körper leicht aufnehmbaren Form.

Ein starkes Knie kennt keinen Schmerz

Das Kniegelenk ist eines unserer zentralen Gelenke. Solange wir keine Probleme damit haben, nehmen wir dies nicht wahr. Schmerzen uns aber einmal die Knie, so wird uns schnell bewusst, wie sehr dadurch unsere Bewegungsfreiheit eingeschränkt ist. Die meisten Menschen leiden an Fehlhaltungen oder Übergewicht und belasten dadurch ihre Knie ungleichmäßig oder übermäßig stark. Deshalb ist es oft nur eine Frage der Zeit, bis sich die Knie bemerkbar machen. Aber auch hier können Sie vorbeugen.

Ch'ŏn-gŭn man-gŭn ist dafür die ideale Übung:

- Die Beinmuskulatur wird gestärkt.
- Die Knie werden entlastet.
- Die Oberschenkelmuskeln wirken durch ihre Größe wie ein „Ofen“ und verbrennen Fett.
- In der „Reiterstellung“ können Sie sich auf eine gleichmäßige Belastung der Beine konzentrieren.
- Fehlhaltungen werden ausgeglichen.

Anfangs sollten Sie die Knie nur leicht beugen und nicht länger als etwa eine Minute üben. Sind Sie dann besser trainiert, können Sie die Knie immer mehr beugen (bis zum 90°-Winkel) und in dieser Position immer länger stehen bleiben. Achten Sie darauf: Wenn Ihr Knie stark schmerzt oder nach der Übung anschwillt, dann haben Sie bereits übertrieben. Wie gesagt: Beginnen Sie langsam, steigern Sie allmählich. Sie brauchen Geduld.

Weniger ist mehr – oder: Aus 1000 Pfund werden 100 Pfund

Und damit zu einem Thema, auf das der eine oder andere Leser schon gewartet hat: Weg mit überflüssigen Pfunden! Nun ist der Begriff „überflüssige Pfunde" natürlich eine reine Definitionsfrage. Viele Menschen orientieren sich an einem abstrakten Schönheitsideal, und für die ist bereits das Idealgewicht nicht gut genug. Sie wollen unerträglich dünn werden und schaden sich selbst damit mehr, als wenn sie das eine oder andere Kilo zu viel mit sich herumschleppen würden. Andere haben sich damit abgefunden, deutlich über dem Normalgewicht zu liegen, und demonstrieren mit ihren barocken Formen viel Selbstbewusstsein nach dem Motto: Schön ist, wenn es mir gefällt. Ich kann beiden Haltungen mit Verständnis begegnen – für richtig halte ich sie nicht. Denn es gibt einen realistischen, vernünftigen Gradmesser für die ideale Figur: die Gesundheit. Im Klartext: Wenn man an einem Körper die Rippen zählen kann, ist das ebenso wenig gesund, wie der ausufernde „Rettungsring" um die Hüften. Deshalb möchte ich mich an dieser Stelle zunächst mit dem Fettabbau beschäftigen:
Ideal zum Fettabbau ist ein aerobes Ausdauertraining. Den besten Effekt erzielen Sie, wenn Sie regelmäßig fünf- bis siebenmal pro Woche üben. Dabei sollten Sie mit kleinen Trainingseinheiten von etwa 20 Minuten (minimal) beginnen und sich langsam auf 40–60 Minuten (optimal) steigern. Bei aerobem Ausdauertraining wird der Körper mit einer Intensität von 50–70 % seines Leistungsvermögens belastet. Als Faustregel kann gelten:

160 – eigenes Alter
= ideale Pulsfrequenz

Als 50-Jähriger sollten Sie also eine Pulsfrequenz von etwa 110 im Lauf der Übungen nicht überschreiten.
Die Trainingsintensität von 50–70 % ist sehr wichtig. Trainieren Sie mit zu hoher Intensität, verbrennt ihr Körper nicht mehr das Fett, sondern holt sich seine Energie aus der Zucker- (= Kohlehydrat-)verbrennung, da hier die Energie schneller zur Verfügung steht. Nach dem Training stellt sich in diesem Fall großer Hunger ein, Sie sind gezwungen zu essen. Der Fettabbau wird dadurch unmöglich.
Achten Sie neben dem Ausdauertraining darauf, Ihre Rumpfmuskulatur zu stärken. Denn wer einen dicken Bauch mit sich herumträgt, hat meistens schwache Bauchmuskeln. Der Rücken ist besonders belastet, und oft machen sich die Bandscheiben bemerkbar. Deshalb sollten zusätzlich immer auch die Rücken- und Bauchmuskeln trainiert werden, um den Rumpf zu stabilisieren.
Übungen für die Rumpfmuskulatur:

- Bauchmuskeltraining: Sie setzen sich z.B. umgekehrt auf eine Parkbank und lassen die Beine über die Rückenlehne baumeln. In dieser Position können Sie Sit-ups machen. Klar – eine Gartenbank geht auch.
- Rückenmuskeltraining (siehe Kapitel 4 Nŭng-sŏn)
- Angelhaken

Berg – Angelhaken

Aus dem Stütz den Po nach oben schieben und den Rücken gerade machen. Dabei versuchen, mit den Schultern soweit wie möglich in Richtung Boden zu kommen.

Danach die Hüfte auf den Boden legen und mit gestreckten Armen den Rücken nach hinten durchdrücken. Mit den Augen nach oben schauen (Kopf nach hinten).

Die beiden Bewegungen im Wechsel ausführen.

- Anfangs langsam, später die Geschwindigkeit steigern.
- 10 – 20 Wiederholungen.

Ch'ŏn-gŭn man-gŭn auf einen Blick:

- *Muskeln werden aufgebaut.*
- *Durch den hohen Energieverbrauch wird Fett abgebaut.*
- *Die Gelenke – vor allem die Knie – werden stabilisiert.*
- *Das Becken wird reguliert, d.h. das Fundament wird wieder gerade; das ist wichtig, da alle inneren Organe auf dem Becken aufliegen. Ist das Becken schief, können die inneren Organe verrutschen, was ihre Funktion beeinträchtigen kann.*
- *Die Atmung wird automatisch zur Bauchatmung. Das bringt eine bessere Energiebereitstellung und eine effektivere Umwandlung der Nahrung in Energie.*
- *Die Verdauung wird angeregt, da durch den geraden Rücken der Bauch angespannt und die Bauchatmung gefördert wird.*
- *Hitze nach unten – Wasser nach oben: Normalerweise ist der untere Körperbereich kühl (Ŭm), der obere warm (Yang). Durch diese Übung wird der untere warm (Yang), der obere kühl (Ŭm), die Temperatur im Körper wird reguliert.*
- *Geduld, Durchhaltevermögen und Willenskraft werden gestärkt; t'zak shin sam il wird vorgebeugt.*

Sie erinnern sich: die nur drei Tage anhaltende Entscheidung, oder, um es einfacher zu sagen: Willensschwäche.

百聞不如一見
百見不如一行

Einmal sehen ist besser als hundertmal hören; einmal tun ist besser als hundert mal sehen

NŬNG-SŎN – DER RÜCKEN DES BERGES

능선 In einer intakten Natur greifen alle Vorgänge reibungslos ineinander. Eine Quelle zum Beispiel, die im Inneren eines Bergrückens entspringt, fließt als Bach den Berg hinunter. Indem sich das Wasser seinen Weg ins Tal sucht, dient es der Natur als Energiespender. Pflanzen nehmen es auf, Tiere und Menschen trinken davon. Und wie die Brust der Mutter das Kind nährt, so speist die Wasserader die Natur. Felsen und Steine des Bergrückens werden durch das Erdreich und die Wurzeln der Pflanzen zusammengehalten und gefestigt. In einem auf solche Weise gut funktionierenden Zusammenspiel der einzelnen Elemente zeigt der Bergrücken seine ganze Kraft und Schönheit.

Dem Bergrücken entspricht die Wirbelsäule. Wie das Erdreich den Felsen bedeckt und alles zusammenhält, so stabilisieren und unterstützen feste, elastische Muskeln das Skelett.

So sollte es zumindest sein. Die Wirklichkeit jedoch sieht – leider – allzu oft ganz anders aus. Ist der Bergrücken nicht bereits zerklüftet durch Schneisen für die Skifahrer, durch Holzeinschlag, durch Sprengungen, mit denen man kostbares Erz zu gewinnen hofft? Kann der Bach noch ungehindert fließen, oder wird er blockiert von Menschen, die sich seinen Fluss zurutze machen und zum Beispiel Energie mit ihm produzieren wollen? Stehen die Pflanzen noch am Abhang? Haben die Bäume noch die Möglichkeit, ihre Wurzeln tief ins Erdreich zu graben? Oder sind sie Opfer geworden – Opfer einer erbarmungslos auf kurzsichtige Wirksamkeit und schnellen Profit ausgelegten Zivilisation?

Ist die Bergwelt nicht intakt, kommt es zu Erosion; das Gleichgewicht zwischen Felsen, Erde und Pflanzen ist gestört. Die Landschaft wird krank. Ähnliches kann auch beim Menschen geschehen. Wenn das gemeinsame Funktionieren von Wirbeln, Muskeln, Nerven und Organen nicht gewährleistet ist, entstehen Probleme, und diese beginnen sehr häufig beim „Bergrücken" – eben unserer Wirbelsäule. Deshalb lautet die Grundregel Nr. 1 in diesem Zusammenhang: Achten Sie auf Ihre Haltung, die sich nicht an biegsamen Pappeln, sondern prinzipiell eher an aufrechten und geraden Eichen orientieren sollte. Grundregel Nr. 2 ist beinahe genauso wichtig: Starke und elastische Muskeln sind notwendig, um die Wirbelsäule zu stützen und somit voll funktionsfähig zu erhalten.

Ein gesunder Rücken ist stabil und beweglich, starke Muskeln halten die Knochen zusammen, und Beweglichkeit schützt die Wirbelsäule vor Verletzungen.

Um zu verstehen, warum uns der Rücken so häufig Probleme bereitet, sollten wir zunächst einen genaueren Blick auf ihn werfen:

Unsere Wirbelsäule besteht aus 34 Wirbeln, zwischen denen die Bandscheiben als „Stoßdämpfer" wirken. Das Rückenmark, das innerhalb der Wirbelsäule vom Kopf bis zum Steißbein verläuft und durch Nervenstränge mit fast allen Organen unseres Körpers verbunden ist, steuert unser vegetatives Nervensystem. Dieses Nervensystem können wir nicht willentlich beeinflussen. Wir können aber immerhin dafür sorgen, dass das komplexe Zusammenspiel von Muskeln, Knochen, Wirbeln und Nerven reibungslos funktioniert und unseren Rücken gesund erhält. Wer sich diese Chance entgehen lässt, darf sich später nicht über eine Fülle von Beschwerden wundern.
Viele Menschen leiden unter gesundheitlichen Störungen, die auf Rückenprobleme zurückzuführen sind. Fehlstellungen der Wirbel können zum Beispiel die Nervenfunktionen beeinträchtigen oder ganz unterbrechen. Ist die Nervenverbindung zu einem Organ gestört, funktioniert das Organ selbst ebenfalls nicht mehr richtig, und Erkrankungen sind die Folge.
In einem solchen Fall kann eine Operation nur unmittelbare Hilfe bringen. Eine langfristige Wirkung hingegen erreicht man durch effektives Training, das sowohl die Kräftigung der Muskeln als auch Beweglichkeit und Elastizität fördert. Ein solches Training führt immer auch zu einer guten Körperhaltung, die eine wesentliche Voraussetzung für einen gesunden Rücken darstellt.

War dies einleuchtend? Haben Sie gerade eben den Vorsatz gefasst, mehr für Ihren Rücken zu tun? Damit Sie einen derart guten Vorsatz gleich in die Tat umsetzen können, machen Sie zunächst folgenden Test:
Beugen Sie den Oberkörper nach unten und lassen Sie die Arme hängen. Wahrscheinlich geht es schwer und Sie fühlen sich steif. Die Muskeln und Sehnen von der Ferse über die Rückseite der Beine und den Rücken scheinen zu kurz zu sein (siehe Abb. 1).

Abb. 1

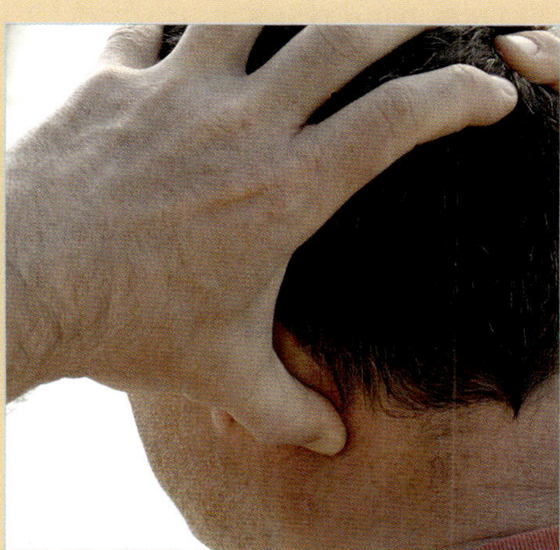

Abb. 2

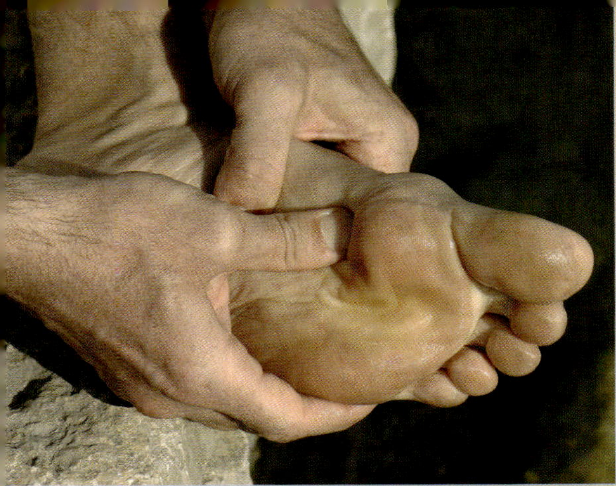

Abb. 3

Abb. 4

Setzen Sie sich nun auf den Boden und massieren Sie mit den Daumen zwei Punkte am Hinterkopf, die sich hinter den Ohren am Ende des Schädelknochens befinden (siehe Abb. 2). Danach massieren Sie kräftig Ihre Fußsohlen mit den Daumen – vor allem am Fußballen. Schlagen Sie zum Schluss mit der Faust 5-10-mal kräftig auf den Fußballen. Dabei sollten Sie mit sich nicht zu zartfühlend sein. Wenn ich hier schreibe „kräftig", dann meine ich das auch so. Sie müssen wirklich keine Angst haben, sich weh zu tun – das wäre am Fußballen eher ungewöhnlich (siehe Abb. 3).

Haben Sie's? Hinter den Ohren massiert? Die Fußsohlen massiert? Auf den Fußballen geschlagen? Gut. Nun machen Sie den Test noch einmal: Beugen Sie sich wieder nach vorne und lassen Sie die Arme hängen. Sie werden feststellen, dass sie näher an den Boden reichen. Durch die Massagen ist Ihr Körper weicher geworden. An dieser Stelle ist das Erstaunen meiner Schüler zumeist groß – ich hoffe, der Aha-Effekt hat auch bei Ihnen gegriffen (siehe Abb. 4).

Da wir schon dabei sind, möchte ich Ihnen noch eine weitere verblüffende Übung ans Herz legen: Setzen Sie sich auf den Boden, die Fußsohlen aneinander und die Knie nach außen. Merken Sie sich, wie viel Platz zwischen Ihren Knien und dem Boden ist (Löwenzahn 1). Danach strecken Sie die Beine geradeaus. Setzen Sie sich aufrecht hin und atmen Sie bewusst. Ihr Partner zieht nun Ihre Ohren am oberen Teil nach oben. Lassen Sie den Nacken und die Schulter dabei locker. Sie hängen nun gewissermaßen an Ihren Ohren (Löwenzahn 2). Nach 20 – 30 Sekunden lässt Ihr Partner wieder los, und Sie versuchen erneut den „Löwenzahn". Sie werden merken, dass Ihre Knie jetzt näher am Boden sind als vorher. Ihr Körper ist weicher geworden (Löwenzahn 3).

Löwenzahn 1

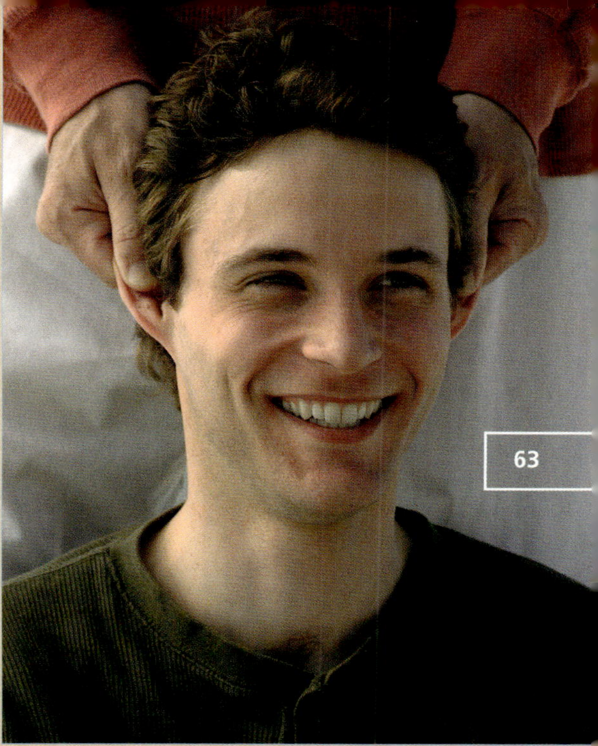

Löwenzahn 2

Löwenzahn 3

Sie wollen eine Erklärung?
Nun – in der asiatischen Medizin hat man schnell herausgefunden, dass sämtliche Organe und Körperpartien ihre Entsprechung in anderen Körperteilen haben. Man denke nur an die Fußreflexzonenmassage, wo sich bestimmte Organe über einzelne Bereiche der Fußsohlen beeinflussen lassen. Ebenso verhält es sich mit der Ohrmuschel (vgl. Ohrakupunktur). Diese hat ihre Entsprechung in einem in der Gebärmutter liegenden Embryo. Der Embryo liegt mit dem Kopf nach unten und den Beinen nach oben in der Gebärmutter. Projiziert man dieses Bild auf die Ohrmuschel, so erhält man die Bereiche, die auf der Ohrmuschel den inneren Organen und anderen Körperteilen entsprechen. Dadurch ist es möglich, dass der obere Teil des Ohres den unteren Körperbereich stimuliert, während der mittlere Teil des Ohres die Mitte des Körpers und der untere Teil des Ohres den Kopfbereich aktiviert.

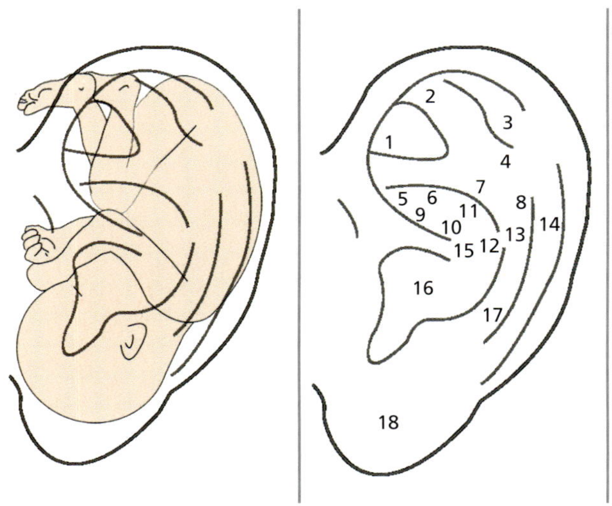

1 Gebärmutter
2 Fuß
3 Hand
4 Knie
5 Blase
6 Niere
7 Lendenwirbelsäule
8 Bauch
9 Dickdarm
10 Dünndarm
11 Leber
12 Bauchspeicheldrüse
13 Brustwirbelsäule
14 Schulter
15 Magen
16 Herz-Lunge
17 Halswirbelsäule
18 Kopf

Und gleich noch eine Übung, die sich zwar nicht unmittelbar an Ihre Wirbelsäule richtet, die Ihnen aber langfristig ebenfalls helfen wird, Ihre Haltung zu verbessern.

Gehen Sie in die „Kerze". Und nun lassen Sie von einem Partner prüfen, ob beide Fersen auf einer Ebene liegen. Meist ist ein Bein etwas kürzer als das andere. Ziehen Sie nun beide Beine an. Mit dem kürzeren Bein treten Sie mehrmals kräftig nach oben. Spannen Sie dabei die Muskeln an, so dass Knie- und Fußgelenk fest sind. Durch regelmäßiges Üben kann man den Unterschied mit der Zeit ausgleichen, und das macht durchaus Sinn. Denn wenn beide Beine auf den Millimeter gleich lang sind, „begradigen" sich Gang und Haltung automatisch.

Rückentraining

Unsere Wirbelsäule braucht Bewegung. Sie ist ständig stark beansprucht durch langes Sitzen bei der Arbeit oder auch auf langen Autofahrten. Aber auch falsche Körperhaltung beim Stehen, Gehen, Laufen oder Liegen strapaziert sie kräftig. Gleichzeitig führt ein Mangel an Bewegung dazu, dass die Muskeln im Bauch- und Lendenwirbelbereich schwächer werden. Rückenschmerzen sind die Folge.

Aber auch Menschen, die körperlich hart arbeiten, wie zum Beispiel Bauarbeiter, leiden oft an Rückenschmerzen. Ihre Rückenmuskulatur ist zwar ausgebildet, aber häufig auch verhärtet, weil nach verrichteter Arbeit die Muskeln nicht gedehnt werden, um sie zu entspannen.
Deshalb: Zu einem guten Rückentraining gehören Übungen für den Muskelaufbau und eine gezielte Dehnungsgymnastik. Dadurch wird Ihr Rücken kräftig, aber gleichzeitig elastisch und flexibel. Und damit das alles nicht zu langweilig wird und ganz nebenbei noch einen wohltuenden Effekt für Ihre Partnerschaft hat, habe ich am Ende dieses Kapitels einige Partnerübungen zusammengestellt.

Rücken hoch – nach unten drücken

Der Liegende streckt die Arme nach vorne und öffnet die Beine etwa schulterbreit. Der Partner kniet kurz hinter dem Gesäß über den Oberschenkeln und legt seine Unterschenkel über die Waden des Liegenden.
Dieser zieht nun den Oberkörper und die Beine nach oben, während der Kniende mit den Händen auf die Schultern und mit den Unterschenkeln auf die Beine Druck ausübt.

- kräftigt alle Muskeln der hinteren Körperseite
- besonders die Muskulatur im Bereich der Lendenwirbelsäule wird gestärkt
- 10 – 30 Sekunden halten

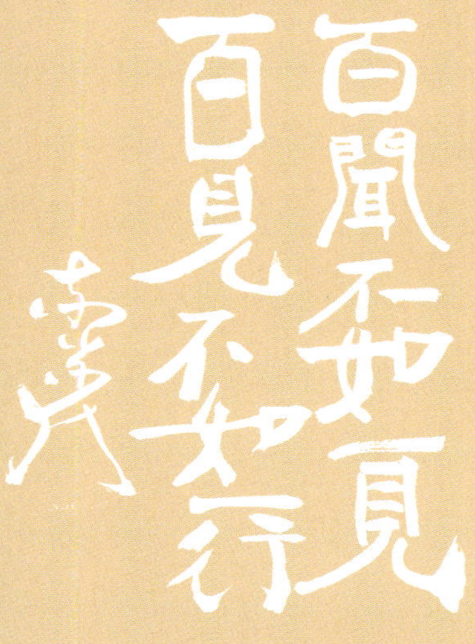

Nach der Belastung wird die Rückenmuskulatur durch Massage gelockert.
Dafür setzt der Partner die Hände mit den Fingern nach außen einfach links und rechts neben der Wirbelsäule auf und bewegt sie mit etwas Druck schnell hin und her.

- besonders im Bereich der Nieren, der Lendenwirbelsäule und des Kreuzbeins massieren

Wie die erste Variante, nur die Arme werden jetzt zur Seite gestreckt.

- Achten sie darauf, dass die Kraft aus dem Lendenwirbelbereich kommt!
- ebenfalls 10 – 30 Sekunden halten

Zweite Entspannungsphase! Massieren wie auf Seite 67 beschrieben!

Nach der Massage winkelt der Liegende die Knie bis zum 90°-Winkel an und der Partner setzt sich darauf. Gleichzeitig zieht er den Liegenden an den Armen nach hinten, so dass dieser seinen Oberkörper aufrichtet.

- dehnt die Brust- und Bauchmuskulatur
- stimuliert die Wirbelsäule
- 10–30 Sekunden halten

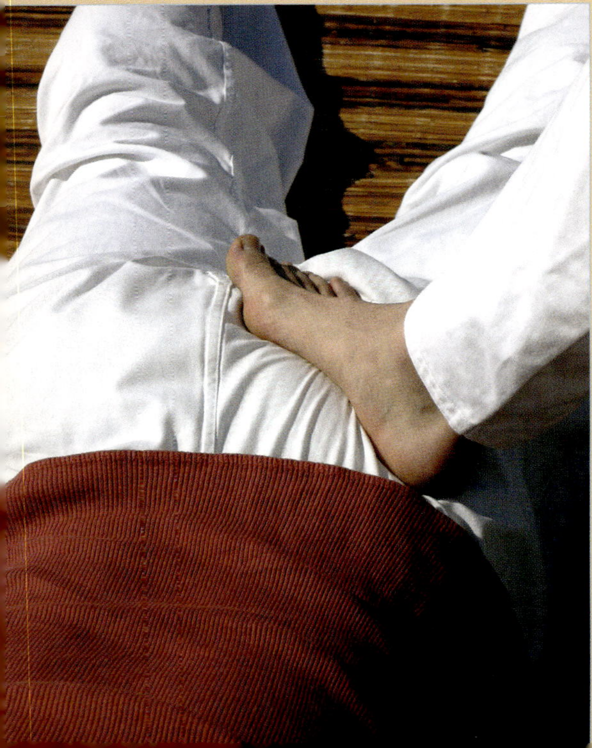

Wie die zweite Variante, allerdings werden die Arme nun nach hinten gestreckt.

- Wie fest der obere Partner nach unten drückt, ist abhängig von der Leistungsfähigkeit des Liegenden.
- 20–40 Sekunden halten

Nach der Belastung folgt die Entspannung:
1. Der Masseur steht rechts neben dem Brustkorb des Liegenden und massiert mit dem rechten Fuß das Gesäß.

- besonders im Bereich des Ischias und des Kreuzbeins massieren, da hier viele Nerven austreten und in die Beine laufen
- Kreuzbein, Muskeln und Sehnen in diesem Berech werden gelockert
- 1–2 Minuten massieren
- dann die Seite wechseln

2. Der Masseur steht zwischen den Beinen des Liegenden und fasst mit den Händen dessen Füße. Er zieht die Beine nach oben und setzt einen Fuß auf das Kreuzbeins des Partners. Den Bereich des Kreuzbein massieren …

- mit kreisenden Bewegungen
- mit Vorwärts-rückwärts-Bewegungen
- so viel Druck ausüben, wie dem Partner angenehm ist

3. Der Liegende streckt die Hände nach vorne und drückt mit den Handflächen auf den Boden. Der Partner steht hinter den Beinen und fasst mit beiden Händen dessen Füße. Er hebt die Beine etwas an und zieht den Liegenden mit seinem Körpergewicht in die Länge.

- der ganze Körper des Liegenden wird gestreckt
- um die Belastung im Rücken zu verringern, sollte der Ziehende in die Knie gehen und die Ellenbogen auf die Knie aufstützen

Ballspielen

Stellen Sie sich mit Ihrem Partner Rücken an Rücken. Beine etwa schulterbreit und ungefähr einen Meter Abstand. Geben Sie den Ball zuerst über dem Kopf mit gestreckten Armen an Ihren Partner weiter.

- dehnt die gesamte Vorderseite des Körpers
- Folgen Sie dem Ball immer mit den Augen!

Lassen Sie den Oberkörper mit Schwung nach vorne fallen und übernehmen Sie den Ball von Ihrem Partner zwischen den Beinen. Winkeln Sie dabei die Knie leicht an.

- dadurch wird der Rücken rund
- das dehnt die Rückenmuskulatur stärker

Richten Sie sich auf, drehen Sie sich nach links und übergeben Sie den Ball an Ihren Partner.

- dreht und stimuliert die Wirbelsäule
- Augen fixieren den Ball
- mit den Füßen fest auf dem Boden stehen bleiben

Drehen Sie sich nach rechts und übernehmen Sie wieder den Ball von Ihrem Partner. Danach beginnt die Übung wieder von vorne.

- wechseln Sie beim seitlichen Übergeben regelmäßig die Richtung: zuerst rechts – links; beim nächsten Durchgang links – rechts usw.
- je höher das Tempo, desto stärker die Belastung für den Kreislauf
- sehr gut als Aufwärmübung geeignet
- mindestens 2 Minuten durchhalten

Bauchgymnastik mit Ball

Auf dem Rücken liegen und mit den Füßen unter dem Gesäß des Partners einhaken. Die Arme über dem Kopf nach hinten strecken.

- auf angewinkelte Knie achten

Dann mit geradem Rücken den Oberkörper aufrichten. Die Arme bleiben über den Kopf gestreckt.

Den Ball über dem Kopf übergeben und Oberkörper und Arme wieder nach hinten ablegen. Dann die Übung von neuem beginnen.

- stärkt die Bauchmuskulatur
- stimuliert die inneren Organe im Bauchbereich
- mindestens 20 Wiederholungen
- je nach Fitness gerne auch mehr

Bananenmassage

Der eine Partner legt sich auf die rechte Seite, der andere sitzt auf Hüfthöhe dahinter. Dann fasst der Sitzende mit der rechten Hand die linke Hand des Liegenden und mit der linken Hand das linke Fußgelenk des Liegenden. Der Sitzende stellt nun beide Füße auf das Gesäß des Liegenden und massiert dieses, indem er die Füße schnell hin und her bewegt. Der Masseur wandert mit seinen Füßen über den Oberschenkel bis zur Kniekehle und von dort nach oben bis unter die Achsel. Dabei immer mit den Füßen massieren.

- Immer mit angewinkelten Knien massieren!
- darauf achten, dass man den Liegenden nicht zu stark nach hinten durchbiegt
- 1–2 Minuten massieren
- dann die Seite wechseln

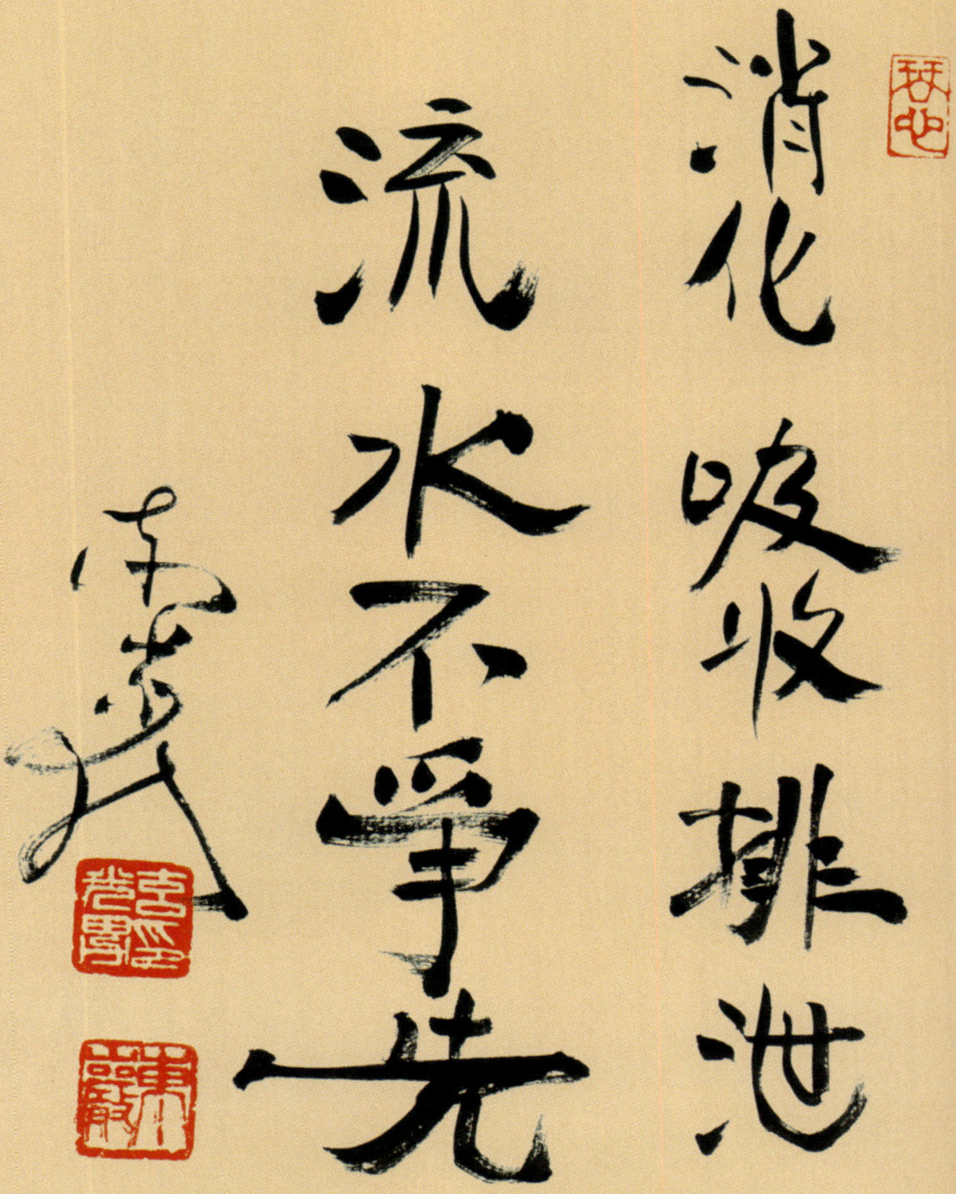

Fließendes Wasser
folgt seinem Weg –
es kennt keine Hierarchie
und keine Konkurrenz

SAM CH'O – DIE DREI FEUER IM KÖRPER

삼초 Neben der physischen und psychischen Ebene enthält unser Körper Ki, was soviel bedeutet wie Lebensenergie. Diese Lebensenergie wird aus drei unterschiedlichen Quellen gespeist: Die erste ist genetisch angelegt, das heißt, sie wurde uns von unseren Eltern mitgegeben und entspricht am ehesten einer Art Grundkonstitution unseres Körpers. Die zweite Quelle ist die Energie, die wir aus unserer Nahrung und aus der Luft erhalten. Die dritte Quelle bildet der Geist, der durch seine Kraft und seinen Willen den Körper beeinflussen kann und aus dem der Körper umgekehrt durch bewusstes Training, beispielsweise durch Meditation, Kraft schöpfen kann.
Das reibungslose Zusammenspiel dieser drei Energiequellen – mit einem Wort die Lebensenergie Ki – ist verantwortlich dafür, dass Kreislauf und Atmung, Nahrungsaufnahme, Verdauung und Ausscheidung sowie das Immunsystem einwandfrei funktionieren.
An dieser Stelle darf ich Ihnen wieder einmal eine denkbar schlichte Erkenntnis ans Herz legen, die in der westlichen Schulmedizin leider oft keine Rolle mehr zu spielen scheint. Bitte verstehen Sie mich nicht falsch: Die Ärzte Deutschlands und Europas leisten sicherlich großartige Arbeit und betreuen und heilen die Menschen im Rahmen aller ihrer Möglichkeiten. Doch wäre es zuweilen nicht hilfreich, auch die Selbstheilungskräfte der Patienten zu aktivieren? In Asien ist dies eine Selbstverständlichkeit – ein segensreiches Erbe und Überbleibsel einer Jahrtausende alten Kultur, die stets auch an die Eigenverantwortung des Menschen appellierte. Nun mögen Sie fragen, wie man denn diese Selbstheilungskräfte am besten aktivieren kann? Ob ich an dieser Stelle von spontanen Selbstheilungen bei schwierigsten Krankheitsbildern fabulieren will? Weit gefehlt: Die zur Verfügung stehenden Möglichkeiten liegen viel näher, als Sie glauben. In vielen Fällen genügt es schon, den Patienten an eine ganz simple Wahrheit zu erinnern – ihm zu erklären, wie die Dinge zusammenhängen, die in seinem Körper geschehen. Und somit könnte es auch sehr hilfreich sein, sich den folgenden „natürlichen Kreislauf" ins Gedächtnis zu rufen. Denn in diesem Vorgang spiegelt sich der Zyklus der Natur wider, dem jedes Lebewesen unterworfen ist:

aufnehmen – aufteilen – speichern – abgeben

Zuviel der Worte für so eine simple Wahrheit? Nun – dann lassen Sie uns damit arbeiten…

Sam ch'o

Sam ch'o ist genau wie das Meridiansystem und die Lebensenergie Ki eine vorhandene, aber wissenschaftlich nicht nachweisbare Größe. Oder haben Sie schon einmal einen Längen- oder Breitengrad in freier Wildbahn beobachtet? Sehen Sie! Mit sam ch'o nun wird das richtige Funktionieren

der inneren Organe bezeichnet. Sprich: Sam ch'o ist das, was in unserem Körper die inneren Organe so arbeiten lässt, wie sie arbeiten sollen.
Betrachtet man die wörtliche Bedeutung von sam ch'o, so könnte man es etwa mit „drei(mal) verbrennen" übersetzen, womit gemeint ist, dass in drei Körperbereichen Energie bereitgestellt wird, um alle inneren Organe richtig arbeiten zu lassen. Dabei unterscheidet man zwischen sang ch'o, chung ch'o und ha ch'o. Wenn Sie jetzt befürchten, sich dies alles merken zu müssen, darf ich Sie beruhigen: Es ist nicht immer nötig, den Namen der Dinge zu kennen – meist reicht es aus, ihre Bedeutung zu begreifen. Wenn Sie aber ein wissbegieriger Mensch sind, möchte ich Ihnen das Auswendiglernen nicht verwehren. Sollten Sie dabei stöhnen, auf die koreanische Sprache schimpfen und sich fragen, wer solch seltsame Worte nur erdenken kann, dann vergleichen Sie die Silbenzahl des Begriffes „sam ch'o" mit der des Wortes „Straßenbahnendhaltestelle" und bedenken Sie, welche Probleme ich im Jahr 1967 mit der deutschen Sprache gehabt haben muss. Nein, ich will Ihr Mitleid nicht – ich möchte nur die Gelegenheit nutzen, eine Lanze für die schlichte Schönheit des Koreanischen zu brechen.
Doch ich bin abgeschweift. Es geht um sang ch'o, chung ch'o und ha ch'o:
Sang ch'o ist der obere Körperbereich mit Lunge und Herzkreislaufsystem, chung ch'o bezeichnet die Mitte mit den aufnehmenden und verdauenden Organen und ha ch'o ist der untere Bereich mit den Ausscheidungs- und Geschlechtsorganen. Somit verweist sam ch'o auf das wichtige Zusammenspiel der drei großen Funktionsbereiche des menschlichen Körpers: auf das Herz-Kreislauf-System, den Magen-Darm-Trakt und auf die Ausscheidungsorgane und Genitalien. Die Lebensenergie Ki, die durch das perfekte Zusammenspiel dieser drei Bereiche aufgebaut wird, kann dem Körper nur dann ausreichend zur Verfügung stehen, wenn alle Organe gesund sind. Klingt logisch – und ist logisch. Damit kommen wir zu den Details: In der asiatischen Vorstellung wird unser Körper in drei energetische Stufen oder Zustände eingeteilt:

Herz-Kreislauf-System, Lunge, Kopf	sang ch'o	»heiß«	Obere Stufe
Organe des oberen Bauchbereichs (Leber, Nieren, Magen, Bauchspeicheldrüse, Milz)	chung ch'o	»warm«	Mittlere Stufe
Organe des unteren Bauchbereichs (Dick- und Dünndarm, Harnblase, Sexualorgane)	ha ch'o	kalt	Untere Stufe

Diese drei energetischen Zustände sollten immer im Gleichgewicht zueinander sein. Das bedeutet, die heiße Energie der oberen Stufe muss ungehindert nach unten, und die kalte Energie der unteren Stufe nach oben fließen können. Um diesen Fluss zu unterstützen oder erst richtig in Gang zu bringen, sind die folgenden Übungen zu empfehlen.

Suchen Sie sich einen ruhigen, luftigen Ort. Führen Sie die Übung ohne Kraftaufwand locker und entspannt aus: Mit Schulter breiten Beinen bequem stehen. Die Finger ineinander verschränken und die Arme locker über den Kopf strecken. Die Handflächen zeigen nach unten, die Augen sind geschlossen.

Die Arme ganz langsam nach unten sinken lassen. Dabei stellen Sie sich vor Ihrem geistigen Auge vor, an welchen Körperstellen ihre Hände wie eine Röntgenkamera gerade vorbeigleiten:

- Stirn (Gehirn)
- Augen
- Nase
- Mund
- Kehlkopf, Schildddrüse
- Schultern
- Thymusdrüse
- Herz
- Lunge

- Galle
- Magen
- Milz
- Leber

- Dünndarm
- Dickdarm

Sind im Bereich der Verdauungsorgane die Arme fast gestreckt, drehen Sie die Handflächen langsam nach oben und setzen die „Reise" fort, indem sie beginnen, langsam den Oberkörper zu beugen.

- Geschlechtsorgane
- Ausscheidungsorgane
- Oberschenkel

- Knie
- Unterschenkel
- Fußgelenke
- Füße

Wenn Sie mit den Händen unten angelangt sind, lassen Sie den Oberkörper 5–10 Sekunden entspannt hängen und beginnen dann langsam die „Heimreise" auf dem selben Weg.

- Der ganze Körper entspannt sich.
- Der Kreislauf wird verbessert.
- Die Gehirnwellen senken sich, die Nerven beruhigen sich; hilft bei Schlaflosigkeit und hohem Blutdruck.
- Stärkt das Immunsystem.
- Vergessen Sie nicht, die Hände in der Körpermitte wieder zu drehen!
- Machen Sie die Körperreise 5–10-mal.
- Gerne auch öfter!
- Konzentrieren Sie Ihre Gedanken auf die Reise!
- Achten Sie darauf, locker zu bleiben!

消化吸收排泄

流水不争先

Dazu kommen noch die beiden folgenden Übungen:

- Bauchatmung:

Legen Sie sich gerade auf den Rücken und atmen Sie tief in den Bauch hinein. Der Bauch wölbt sich nach oben. Mit dem Laut „Heeee..." lassen Sie langsam die Luft herausfließen. Dabei senkt sich der Bauch langsam. Sie spüren, wie das Zwerchfell auf die Organe drückt. Wiederholen Sie diese Übung mehrmals.

- Schließmuskeltraining:

Die beiden großen Meridianbahnen unseres Körpers, in denen die Lebensenergie Ki fließt, treffen sich im Dammbereich, der zwischen After und Genitalien liegt. Der vordere Meridianstrom (Im-mek) führt über die Vorderseite des Körpers bis zum Mund, der hintere Meridianstrom (Dok-mek), verläuft vom Damm über die Rückseite des Körpers hinauf über den Kopf bis unter die Nase. Der Dammbereich, in dem sich die beiden Meridiane begegnen, ist also ein wichtiger Sammelpunkt für unsere Körperenergie.

Das Fließen der Energieströme kann angeregt und unterstützt werden, indem man den Dammbereich massiert. Einfacher ist jedoch ein Training der Damm-Muskulatur und ihrer Umgebung, was dieselbe Wirkung hat wie eine Massage. Durch Spannung und Entspannung der Muskulatur wird die Durchblutung gefördert, Stauungen im Energiefluss lösen sich auf. Das Ki kann wieder ungehindert entlang der Meridiane fließen. Ein solches Training hat noch einen angenehmen Nebeneffekt: auch die Unterleibsorgane von Mann und Frau werden dadurch stimuliert und gekräftigt, was sich positiv auf das sexuelle Empfinden auswirkt.

Doch wie funktioniert ein Schließmuskeltraining?

Stellen Sie sich einfach vor, dass Sie den Ringmuskel des Afters nach innen ziehen; den Mastdarm und die Unterleibsorgane ziehen Sie ebenfalls nach oben, in Richtung Bauchnabel. Und nun setzen Sie diese Vorstellung in die entsprechende Bewegung um. Das erfordert anfangs ziemlich viel Konzentration, aber mit der Zeit werden Sie diese Übung problemlos schaffen.

Anfangs sollten Sie die Übung entweder im Liegen, Sitzen oder Stehen machen. Später, mit etwas Übung, können Sie auch im Gehen trainieren.

Optimal ist es, wenn das Anziehen der Schließmuskulatur und ihre Entspannung mit einem Atemzyklus verbunden wird. Dabei bieten sich drei verschiedene Möglichkeiten an:

1) Anfänger:

Sie atmen ein. Ihr Bauch wölbt sich vor, und die Schließmuskulatur entspannt. Beim langsamen Ausatmen wird der Bauch nach innen und gleichzeitig die Schließmuskulatur nach oben gezogen.

2) Fortgeschrittene:

Atmen Sie tief ein. Ziehen Sie den Schließmuskel nach oben. Versuchen Sie sich vorzustellen, dass Schließmuskel und Zwerchfell sich treffen. Dann wieder langsam ausatmen und den Schließmuskel entspannen. Sie sollten das Gefühl haben, dass der gesamte Bauchraum durch den entstehenden Druck leer wird. Falls notwendig, atmen Sie nach jedem Atemzyklus ein- oder mehrmals normal ein und aus. Wiederholen Sie die Übung 3–6-mal.

3) „Profis":

Sie atmen ein. Dabei ziehen Sie den Bauch ein und drücken die Luft aus dem Bauch in die Brust.

Gleichzeitig wird die Schließmuskulatur nach oben gezogen. Diese Spannung halten. Beim Ausatmen den Brustkorb zurücksinken lassen und Bauch und Schließmuskulatur entspannen. Um die Übung zu erleichtern, hilft manchmal die Vorstellung, dass man die Luft durch den After einatmet.

All diese Übungen – inklusive der eingangs erwähnten Bauchatmung – wirken auch gut gegen Stress, Sie können besser einschlafen und entspannen. Auch das Arbeiten im Sitzen wird durch diese Entspannungsmethoden sehr viel angenehmer.
Was mich als Koreaner immer wieder überrascht hat, ist die Prüderie, mit der man im Westen ganz natürlichen Vorgängen begegnet. Was könnte anstößig oder lächerlich am Schließmuskel sein? Warum reizt allein das Wort viele meiner Schüler zum Kichern, wenn ich ernsthaft darüber zu sprechen versuche? Wer kann mir den Widerspruch erklären, dass viele Menschen die Vorstellung, über den After die Luft einzuatmen (siehe die „Profis"- Übung oben) als unnatürlich und abstoßend empfinden, dass aber ältere Menschen hierzulande oft kein interessanteres Thema als die eigene Verdauung finden? Diese Widersprüchlichkeit ist mir immer noch ein Rätsel.

Hunger-Satt-Übung

Diese Übung ist eine Alternative zu der oben vorgestellten Schließmuskelübung. Hier wird der Bauch so weit wie möglich eingezogen. Stellen Sie sich vor, Ihr Bauchnabel kommt der Wirbelsäule nahe. Der Schließmuskel wird nach oben gezogen. Nach 3–5 Sekunden drücken Sie Ihren Bauch wieder nach vorne, der Schließmuskel entspannt. Dies machen Sie nun in ständigem Wechsel, völlig unabhängig von Ihrem Atemrhythmus.

Anfangs halten Sie die Spannung etwa für 3 Sekunden und wiederholen Sie den Turnus „Spannung – Entspannung" 5–6-mal. Mit der Zeit – wenn die Muskulatur schon etwas aufgebaut ist – steigern Sie langsam die Dauer der Anspannung und die Anzahl der Wiederholungen.
Ein solches Training stärkt alle Unterleibsorgane. Es wirkt sich unmittelbar positiv auf Blase und Harnleiter aus. Dadurch werden auch die Nieren, die mit diesen Organen in Verbindung stehen, angeregt, wie auch der Mastdarm, der direkt am After ansetzt. Beim Mann beugt die Übung auch Erkrankungen der Prostata vor. Bei der Frau wird zusätzlich die Scheidenmuskulatur stärker durchblutet. Die gewonnene erhöhte Sensibilität und die gestärkte Muskulatur im Bereich der Scheide, mit der die Frau sich selbst und den Mann stimulieren kann, steigert das Lustempfinden und trägt zu einem erfüllten Sexualleben beider Partner bei. Diese Übung sollte zu Ihrer täglichen Gewohnheit werden, wie das Zähneputzen. Ganz besonders hilfreich ist sie auch, wenn man an Hämorrhoiden leidet. Außerdem beugt sie Inkontinenz vor.
Im Fall von bereits bestehenden Krankheiten sollten Sie allerdings auf jeden Fall zusätzlich einen Arzt aufsuchen. Wie gesagt: Die von mir soeben beschriebenen Übungen dienen der Vorbeugung – für eine Behandlung im Krankheitsfall ist schon aus rechtlicher Sicht stets ein Mediziner zuständig.

Krafttraining für den Beckenboden

Da wir schon dabei sind, spreche ich an dieser Stelle gleich noch einmal ein Thema an, zu dem, wie meine Erfahrung lehrt, viele Mitteleuropäer ein gespaltenes Verhältnis haben:

Sex. Für mich zählt ein gesundes Sexualleben zu den wichtigen Aspekten des menschlichen Daseins – es dient nicht nur der Zeugung von Kindern, sondern auch dem psychischen Wohlbefinden. Deswegen scheue ich mich nicht, auch über dieses Thema in aller Offenheit zu sprechen und zu schreiben.
Viele Frauen, besonders im fortgeschrittenen Alter, leiden an Inkontinenz, was nichts anderes ist als eine Muskelschwäche im Bereich der Blase. Durch das Versagen dieser Muskeln kann Urin nicht mehr zurückgehalten werden. Auch der Gedanke an eine zu schwache Vaginalmuskulatur führt bei manchen Frauen dazu, dass sie auf Sex verzichten, weil sie Angst haben, ihren Partner zu enttäuschen. Diese Probleme lassen sich jedoch durch die gezielte Stärkung der Beckenbodenmuskulatur in den Griff bekommen. Sie brauchen dazu nur etwas Geduld und Durchhaltevermögen.

Folgende Übungen sind für die Stärkung der Beckenbodenmuskulatur besonders gut geeignet:

- Gehen Sie auf den Fußballen vorwärts und rückwärts und ziehen Sie dabei den Schließmuskel nach oben;
- Das Gleiche machen Sie, indem Sie auf den Fersen vorwärts und rückwärts gehen. Das stimuliert nicht nur die Muskulatur des Beckenbodens, sondern regt auch die Keimdrüsen (Eierstöcke) an.
- Spannen Sie die Beckenbodenmuskulatur im Stehen 6-10 Sekunden an. Aber wie macht man das? Stellen Sie sich vor, Sie müssten Wasser lassen, haben aber keine Gelegenheit dazu. Sie müssen also den Urin zurückhalten. Dieses Gefühl sollten Sie in den Muskeln des Beckenbodens haben, wenn Sie diese bewusst anspannen. Machen Sie diese Übung 50-mal am Tag. In etwa 2–3 Monaten sollte eine deutliche Besserung spürbar sein.

Das Beckenbodentraining können Sie sogar beim Autofahren machen:

- an der roten Ampel ziehen Sie den Schließmuskel hoch und halten die Spannung
- bei „gelb" entspannen sie langsam,
- bei „grün" fahren Sie weiter.

Bei einem solchen Training der Beckenbodenmuskulatur wird zusätzlich die Fontanelle – ein Akupunkturpunkt gegen Hämorrhoiden – stimuliert. Außerdem vertreibt man dadurch Müdigkeit und bekommt einen klaren Kopf, was sich nicht nur positiv auf das Autofahren auswirkt.
Ein wahrer Meister dieser Übung sind Sie dann, wenn Sie diese vor einer Bahnschranke auf dem Lande praktizieren können. Die geschlossene Schranke ist die „Phase Rot", wenn die Schranke sich langsam hebt, kommt „Phase Gelb", und wenn die Schranke oben ist, fahren Sie entspannt weiter. Haben Sie das ernst genommen? Nein? Sollten Sie aber! Denn mit genügend Ausdauer und Übung schaffen Sie das sicherlich!

Worüber gern geschwiegen wird

Hämorrhoiden entstehen durch eine Durchblutungsstörung der Venen am After. Die Vorbeugung geschieht durch eine Verbesserung der Durchblutung dieser Stelle und durch die Stärkung des Schließmuskels.
Durch Dan-dzon-hohŭp wird beim Atmen automatisch der Schließmuskel nach oben gezogen. Noch besser ist die Wirkung, wenn man diese Übung bewusst ausführt. Dadurch wird nicht nur die Durchblutung dieser Körperregion gefördert, sondern auch die Schließmuskulatur gestärkt (Siehe auch Kapitel 2, Kŏbugi hohŭp).

Bei einer Neigung zu Hämorrhoiden sollte man längeres Sitzen auf kaltem Untergrund und, durch entsprechende Maßnahmen, auch Verstopfung vermeiden. Verstopfung entsteht dann, wenn der Dickdarm – aus welchem Grund auch immer – seine ihm zugedachte Aufgabe nicht mehr richtig erfüllen kann. Dann bleibt nämlich der Stuhl zu lange im Darm. Der Darm entzieht dem Stuhl nach und nach immer mehr Wasser und der Stuhl wird immer härter. Als Folge davon wird die Peristaltik (Bewegung des Darms) immer geringer, bis der Darm seine Tätigkeit fast völlig einstellt. Wenn das passiert, ist man bei der chronischen Verstopfung angelangt. Das erzeugt nicht nur ein sehr unangenehmes Völlegefühl, sondern führt naturgemäß zu Appetitlosigkeit und Erschöpfungsgefühlen und kann zuweilen auch schmerzhafte Krämpfe hervorrufen.

Um Verstopfung vorzubeugen oder auch um eine bereits bestehende Verstopfung zu bekämpfen, kann man auf mehreren Ebenen arbeiten: Zuerst sollte man seine Bauchmuskulatur stärken, da durch die Muskelbewegungen beim Training die Darmtätigkeit angeregt wird. Dann kommt es darauf an, Stress zu vermeiden, da Stress unmittelbaren Einfluss auf das vegetative Nervensystem hat, das wiederum die Peristaltik steuert. Das heißt: Durch viel Stress werden die Bewegungen des Darms auf ein Minimum reduziert.
Zuletzt sollte man bei Dan-dzon-hohup (siehe Kapitel 2, Kŏbugi hohŭp) darauf achten, ganz bewusst beim Atmen möglichst große Bewegungen im Unterbauch auszuführen. Diese Bewegungen wirken wie eine Massage für den Darm und regen die Peristaltik an. Außerdem ist es wichtig, immer genügend Flüssigkeit zu sich zu nehmen. So sorgt man dafür, dass der Stuhl durch Wasserentzug auf Grund der Darmtätigkeit nicht zu hart wird.

Sie sollten sich auch immer vor Augen halten, dass lang anhaltende Verstopfung neben den bereits beschriebenen Beschwerden auch zu Bluthochdruck und heftigen Kopfschmerzen führen kann und dass sich die Hautbeschaffenheit und -farbe negativ verändert.
In diesem Zusammenhang möchte ich Ihnen eine asiatische Legende erzählen, die viel mit „Ki" und dem Kreislauf des Lebens zu tun hat. Sie enthält durch „Buddha" zwar eine religiös-philosophische Note, ist aber nicht als religiöses Gleichnis zu verstehen…

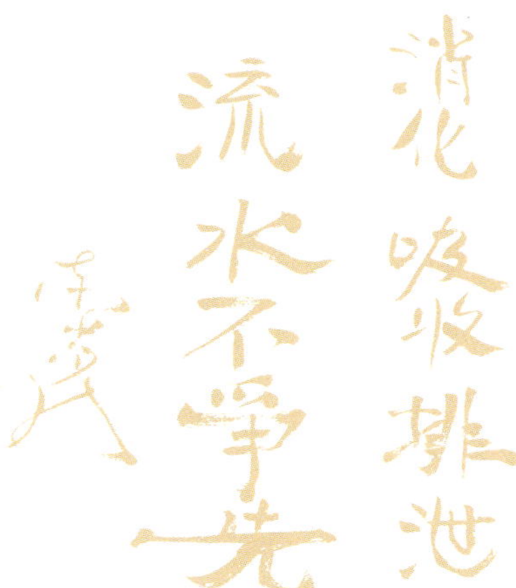

Der Maharadscha

Im alten Indien lebte ein König, der nicht besonders an seiner Umwelt interessiert war. Er blieb immer in seinem Palast, und selbst in diesem bewegte er sich kaum. So kannten seine Ohren nur die gewohnten Geräusche des Palastes, die Augen sahen immer nur dieselben Kostbarkeiten, und Nase und Zunge rochen und schmeckten nur die ihm seit Jahren bekannten Dinge. Obwohl es für ihn nur das beste Essen gab, war er damit nie zufrieden. Sein Hunger wuchs mit jeder Mahlzeit, und die Schalen, die ihm zum Essen gereicht wurden, wurden größer und größer. Er selbst wurde auch immer dicker. Wenn er sich bewegen musste, so wurde dies zunehmend anstrengender. Durch das viele Gewicht war jede Bewegung eine Qual, und den großen Körper konnte der König kaum noch mit genügend Sauerstoff versorgen. Mit der Zunahme seines Körpers nahm auch die Größe seiner Kutsche zu. Die Kutschenbauer hatten immer etwas zu tun. So verging die Zeit, und der König lag hechelnd auf seiner übergroßen Liege und aß aus seinen übergroßen Schüsseln und wurde selbst übergroß. Seine Laune wurde aber immer schlechter. Diese schlechte Laune bewegte ihn dazu, Buddha aufzusuchen. Er beichtete Buddha seinen Lebenswandel. Buddha nannte dem König fünf Gründe, warum er an Körpergewicht zunahm:

- *zuviel Essen*
- *zuviel Schlaf*
- *Selbstherrlichkeit*
- *keine Sorgen und kein Kummer*
- *keine Arbeit, sondern nur Genuss*

Dies seien die fünf Gründe, die den König dick machten. Deswegen solle der König weniger essen, nicht immer schlafen, seine Selbstherrlichkeit ablegen, sich um sein Volk sorgen und arbeiten, nicht nur genießen. So werde sich sein Körper wieder zurückformen. Darüber, dass der König von Buddha eine Antwort auf seine Frage bekam, war er sehr erfreut.

Mit dieser Freude kam er zurück in seinen Palast und rief seinen Koch. Diesem erzählte er die fünf Punkte Buddhas und sagte ihm, er solle bei jeder Mahlzeit, die er dem König servierte, diese fünf Punkte wiederholen. So wurde der König immer daran erinnert.

Der König befolgte diesen Fünf-Punkte-Plan und war bald schon wieder ein schlanker Mann. Seine Lebensfreude kam zurück und er fand Gefallen an Bewegung. Voller Freude über sein neues Leben ging er zu Fuß Buddha besuchen, um diesem dafür zu danken. Als der König vor Buddha niederkniete, fragte ihn dieser, wo seine Kutsche sei, und wo der König seine Diener gelassen habe. Der König antwortete ihm, dass sein Körper sich nun so leicht anfühle, dass er gerne zu Fuß unterwegs sei. Auch seine Diener brauche er auf seinen Spaziergängen nicht. Buddha sagte dem König, dass nach dem Tod nur der Körper begraben wird, nicht aber Geist und Seele.

Ein bescheidener, intelligenter Mensch versucht in seinem Leben Geist und Seele wachsen zu lassen. Ein einfältiger Mensch lässt durch Gier nur seinen Körper anwachsen. Ist man bescheiden und sorgt sich um das Wohl seiner Mitmenschen, so wächst die eigene Seele. Eine Weisheit, die man durchaus auch den Regierenden und Managern der heutigen Zeit ans Herz legen sollte. Aber nicht nur denen…

Beide Partner sitzen sich gegenüber und fassen sich an den Händen. Der aktive Partner bringt die Fußsohlen aneinander und klappt die Knie nach außen, der passive setzt seine Fußsohlen auf das Schienbein seines Gegenübers. Dann wird der Oberkörper des aktiven nach vorne gezogen.

- stabilisiert und reguliert den Beckenbereich
- stimuliert die Organe des Unterbauchs
- dehnt den Rücken
- 10–15 Sekunden halten

Der aktive Partner spreitzt die Beine, der passive stemmt die Fußsohlen gegen die Fersen des Partners. Wieder den Oberkörper nach vorne ziehen.

- stabilisiert und reguliert den Beckenbereich
- stimuliert die Organe des Unterbauchs
- dehnt die Innenseiten der Oberschenkel (Adduktoren)
- stimuliert die Sexualorgane
- 10–15 Sekunden halten

Der aktive Partner liegt auf dem Rücken und legt die linke Hand auf die rechte Schulter und die rechte Hand auf die linke Schulter. Der passive sitzt zwischen den Füßen, legt seine Beine über die Unterschenkel des Liegenden und hält mit den Händen dessen Fußgelenke.

Nun dreht sich der aktive Partner nach links, bis der rechte Ellenbogen den Boden berührt, ...

dann nach rechts, bis der linke Ellenbogen den Boden berührt.

- Stimuliert die Wirbelsäule
- dehnt die seitlichen Oberkörpermuskeln
- 10-mal nach links drehen
- 10-mal nach rechts drehen

Ausgangsstellung wie bei der vorhergehenden Übung.

Der aktive Partner richtet den Oberkörper mit geradem Rücken auf …

und versucht die Ellenbogen so weit nach vorne zu schieben wie möglich.

- kräftigt die Bauchmuskulatur
- stimuliert die Bauchorgane
- dehnt Rücken und die Oberschenkelrückseite
- 10–30 Wiederholungen

Glücklicher Bauch

Die Partner fassen sich wieder an den Händen, der aktive sitzt aufrecht. Der passive massiert mit den Fußballen und Fußsohlen den Bauchbereich seines Partners.

- Vertrauen Sie Ihrem Partner und lassen Sie den Bauch locker!
- Bitte mit viel Gefühl massieren!

Der passive Partner setzt die Fußsohlen seitlich auf den Bauch seines Gegenübers auf, Fersen innen, Zehen außen. Der Bauch wird durch schnelle, kurze Vorwärts-Rückwärts-Bewegungen massiert.

- stimuliert die Organe des oberen Bauchbereichs
- regt die Verdauung an

消化 吸收 排泄

流水不争先

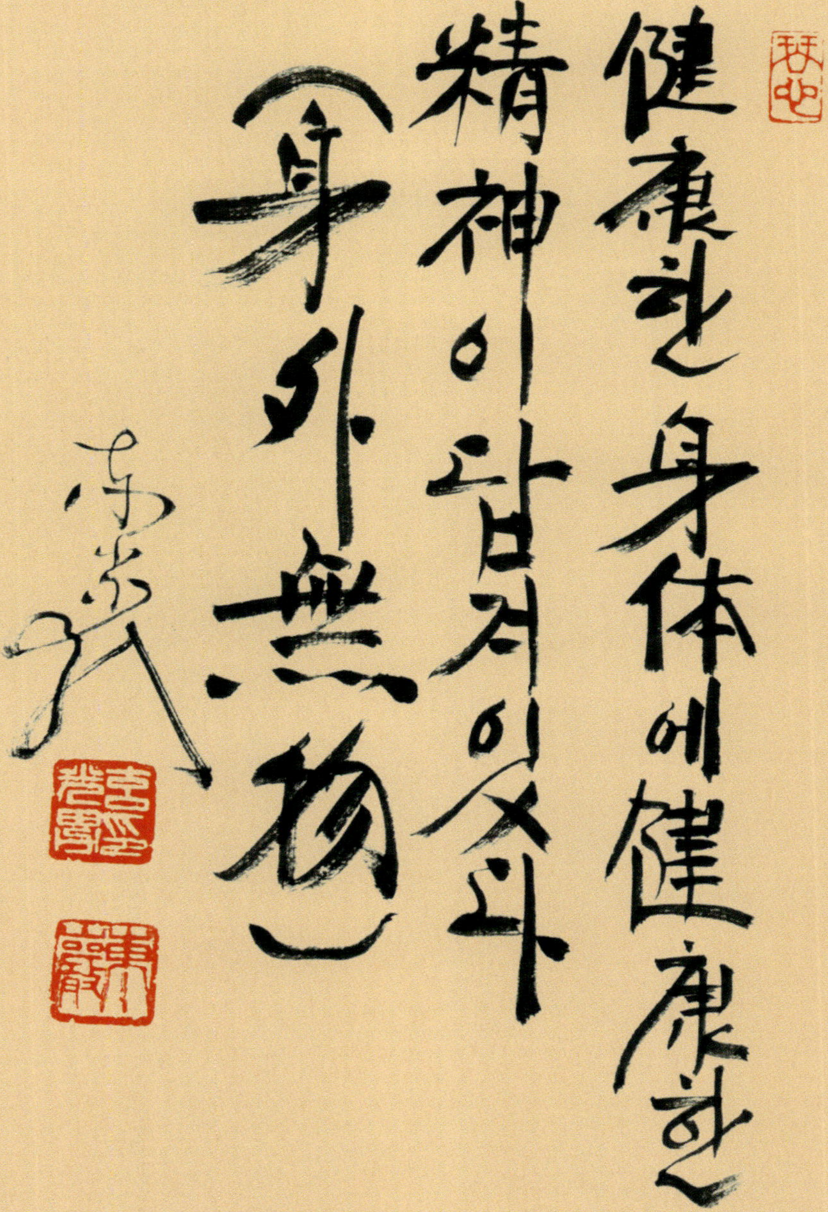

Zu einem gesunden Körper
gehört ein gesunder Geist

NAE-HOHŬP – GESCHICKTE FINGER, JUNGER GEIST

뇌호흡 Erinnern Sie sich noch? Mens sana in corpore sano? Genau. Der gesunde Geist im gesunden Körper! Den hatte ich bereits erwähnt. Dem Körper und seinen zahlreichen Facetten haben wir uns in den bisherigen Kapitel schon ausführlich gewidmet, und wenn Sie auch ein bisschen zwischen den Zeilen gelesen haben, dann wissen Sie, dass wir das ein oder andere Mal auch bereits den „Geist" gestreift haben. Nun jedoch wollen wir uns dem Bereich unseres Körpers zuwenden, von dem gemeinhin vermutet wird, dass dort der Geist – oder zumindest der Verstand – seinen Sitz hat: dem Gehirn.

Was müssen wir zunächst über das Gehirn wissen? Nun – am wichtigsten erscheint mir die Tatsache, dass das Gehirn alle Prozesse in unserem Körper steuert. Organe und Muskeln sind über das Rückenmark und die Nervenbahnen mit dem Gehirn verbunden. Das haben Sie wahrscheinlich schon gewusst. Doch womöglich weniger bekannt ist die Tatsache, dass eine eingeschränkte Organtätigkeit oder Lähmungserscheinungen der Muskeln auf mangelnde Aktivität der zugehörigen Gehirnregion zurückzuführen sind. Auch das Ausbleiben von sexueller Lust über einen längeren Zeitraum muss nicht an einer Erkrankung der Sexualorgane liegen. Vielmehr fehlt in vielen Fällen der Impuls vom Gehirn.

Hand aufs Herz: Wer, glauben Sie, ist zuständig für die „Arbeit am Gehirn"? Die am meisten gehörte Antwort lautet „der Gehirnchirurg", gefolgt von „der Psychiater" beziehungsweise „der Therapeut". Doch wie so oft ist auch dies wieder ein Stück zu weit gedacht. Denn für die Funktionalität unseres Hirns können wir selbst ein gutes Stück Eigenverantwortung übernehmen.

Dazu einige verblüffend einleuchtende Beispiele:
Da für die Funktion unserer Hände ein sehr großes Gehirnfeld zuständig ist, können wir dieses auch über eben jene Hände beeinflussen. Wir können unser Gehirn mit den Händen buchstäblich aufwecken, wenn es wegen mangelnder Tätigkeit einzuschlafen droht. Dafür sollte man wissen, welcher Körperbereich den einzelnen Fingern zugeordnet wird:
Der Daumen ist mit dem Sprachzentrum verbunden. Darum sollte man bei Sprachstörungen den Daumen stimulieren. Zeige- und Mittelfinger wirken auf den großen Kreislauf, und der Ringfinger beeinflusst das Nervensystem. An den kleinen Finger sind die Atmung und die Geschlechtsorgane gekoppelt.

Kinder machen oft Fingerspiele, wodurch nicht nur die Sprachentwicklung, sondern auch die gesamte körperliche Entwicklung positiv beeinflusst wird.
Dass zwischen der Fingerfertigkeit und der Entwicklung des Gehirns ein Zusammenhang besteht, kann man sehr gut am Beispiel der Affen sehen. Sie sind dem Menschen sehr ähnlich und weiter entwickelt als andere Tiere. Affen können zum Beispiel Bananen schälen, Kokosnüsse mit Steinen aufschlagen und die Schale wie ein Glas zum Mund führen. Ihre Hände sind durch das Klettern stark entwickelt und beansprucht, was wohl auch Auswirkungen auf ihr Gehirn hatte.

Es ist anzunehmen, dass sich auch das Gehirn der Menschen durch die Arbeit mit den Händen weiterentwickelte. Bereits in der Steinzeit stellten sie Werkzeuge und Waffen her. Für die Jagd wurden Pfeil und Bogen gebaut, und um Fallen aufzustellen, haben unsere Vorfahren Netze geflochten. Die Beute wurde nicht nur gegessen, sondern vielseitig verarbeitet, und zwar mit den Händen. All dies erforderte Fingerfertigkeit. Im Laufe der Zeit verbesserten die Menschen ihre Fähigkeiten immer mehr. Aus Fellkutten wurden Hosen, Hemden und Schuhe, aus Schlagstöcken Messer und Pistolen. Parallel zu dieser ständigen Weiterentwicklung der Fingerfertigkeiten entwickelte sich auch das Gehirn des Menschen.
Heute werden Arbeiten, die früher die Geschicklichkeit der Hände verlangten, oft von Maschinen und Computern ausgeführt. Die Hände bleiben unbeweglich, so dass die Gefahr besteht, dass unser Gehirn – weil in bestimmten Bereichen unterfordert – den Dienst in diesen Zonen quittiert und sanft entschlummert. Wie eine Schale mit Weintrauben, die zu lange herumsteht, reagiert nämlich auch unser Gehirn auf Unbeweglichkeit. Die Weintrauben werden mit der Zeit faul. Aus frischen Trauben kann ein Winzer wertvollen Wein machen. Dazu braucht er eine bestimmte Methode. Auch unser Gehirn kann unter einer speziellen Anleitung trainiert werden und dadurch eine besondere Qualität erreichen.

Instinktive Bewegungen unseres Körpers zeigen uns, was er verlangt. Schmerzt zum Beispiel das Handgelenk, massieren wir es, damit sich Besserung einstellt. Schmerzen die Ellbogen, bewegen wir die Arme, damit die Gelenke wieder durchblutet und geschmeidig werden. All dies sind instinktive Handlungen. Dabei werden auch Impulse vom Körper über die Nerven und das Rückenmark zum Gehirn geschickt, das stimuliert und aktiviert wird.
Im Folgenden möchte ich Ihnen einige bewusste Bewegungen der Hände und Gelenke empfehlen, die nicht nur die Geschmeidigkeit verbessern, sondern auch das Gehirn trainieren.

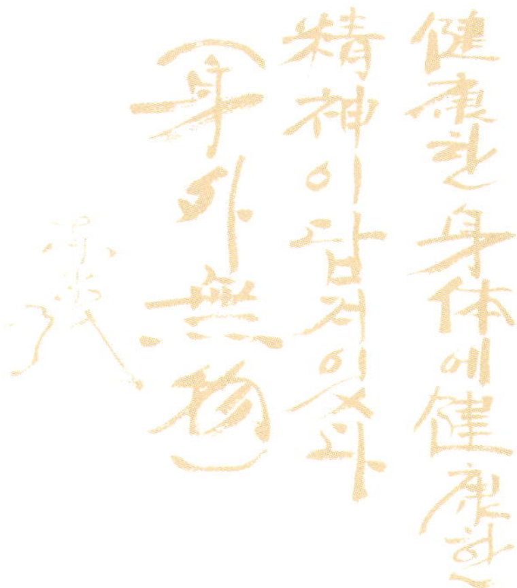

1. Die Fingerspitzen der linken und rechten Hand werden aneinander gedrückt. Die Finger bleiben leicht gekrümmt, so als ob man einen kleinen Ball umgreifen würde. Nun dreht man als erstes die Daumen um sich selbst. Erst in die eine, dann in die andere Richtung. Es folgen die Zeigefinger, dann die Mittelfinger. Immer in beide Richtungen drehen. Während man das eine Fingerpaar umeinander dreht, bleiben die Spitzen der anderen Finger aufeinander gedrückt. Die Ringfinger sollte man länger drehen, da sie am schwierigsten zu koordinieren sind. Von den kleinen Fingern dreht man wieder zurück bis zu den Daumen.

2. Die Finger der einen Hand formen ein O.
Die Finger der anderen Hand ein V.

Nun wechseln sich O und V zwischen linker und rechter Hand ständig ab (vgl. Kapitel I Do-in-sul).

3. Verschränken Sie die Finger fest ineinander (wie auf dem ersten Bild oben!).

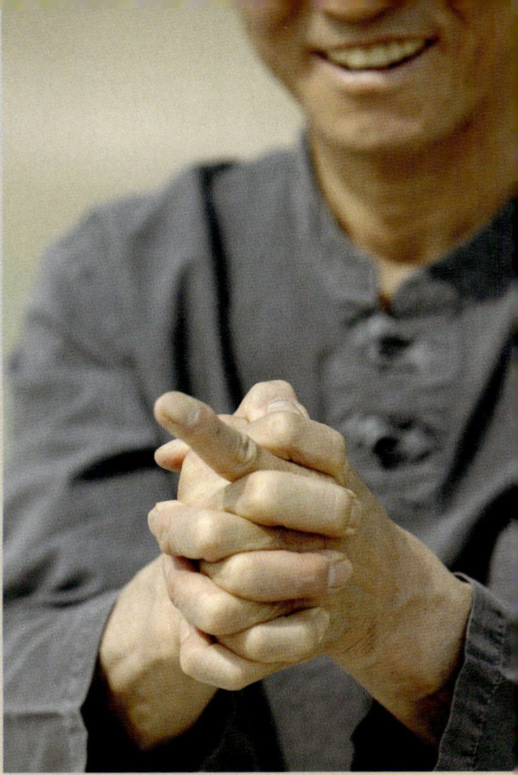

Wählen Sie in Gedanken einen Finger aus und strecken Sie ihn. Eine bessere Wirkung für das Gehirn erzielen Sie, wenn Sie auf die Ansage eines Partners, der sagt, welcher Finger bewegt werden soll, reagieren müssen.

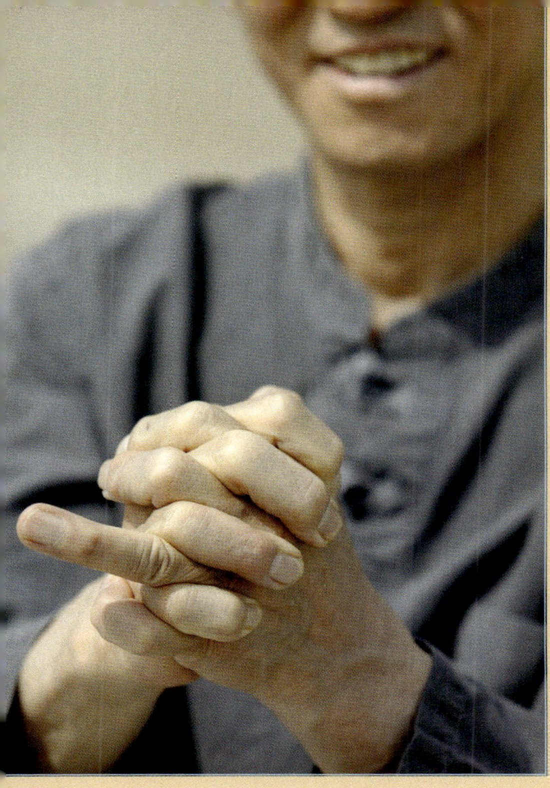

4. (ohne Abb.) Eine Steigerung von Übung 3 ist folgende Form: Legen Sie die Hände wie in Übung 5 an die Brust! Verweilen Sie dort und blicken Sie auf die eigenen Finger. Der Partner (oder man selbst) sagt nun, welcher Finger bewegt werden soll, z.B. rechte Hand, Ringfinger. Nachdem man den Finger bewegt hat, streckt man die Arme wieder nach vorne aus und zieht sie wieder an die Brust. Nun gibt der Partner (oder man selbst) wieder an, welcher Finger an der Reihe sein soll.

5. (ohne Abb.) Die linke Hand mit der Außenhandkante nach oben ausstrecken. Die linke Handfläche zeigt nach links. Nun die rechte Handfläche von oben über den linken Arm an die linke Handfläche legen. Die Finger ineinander verschränken. Mit verschränkten Händen die Handgelenke von unten durch die Arme nach oben ziehen. Die verschränkten Hände liegen jetzt auf der Brust. Dann im ständigen Wechsel die Hände nach vorne und nach oben strecken. Danach die Hände wechseln. Machen Sie auf jeder Seite 10–50 Wiederholungen. Zur besseren Verdeutlichung
der Handhaltung: siehe die 12-Gelenke-Übung in Kapitel 1 Do-in-sul!

6. (ohne Abb.) Drei – drei – sieben: Die Finger auseinander spreizen und kräftig in die Hände klatschen. Erst dreimal, wieder dreimal und dann siebenmal. Dabei einen gleichmäßigen Rhythmus finden.

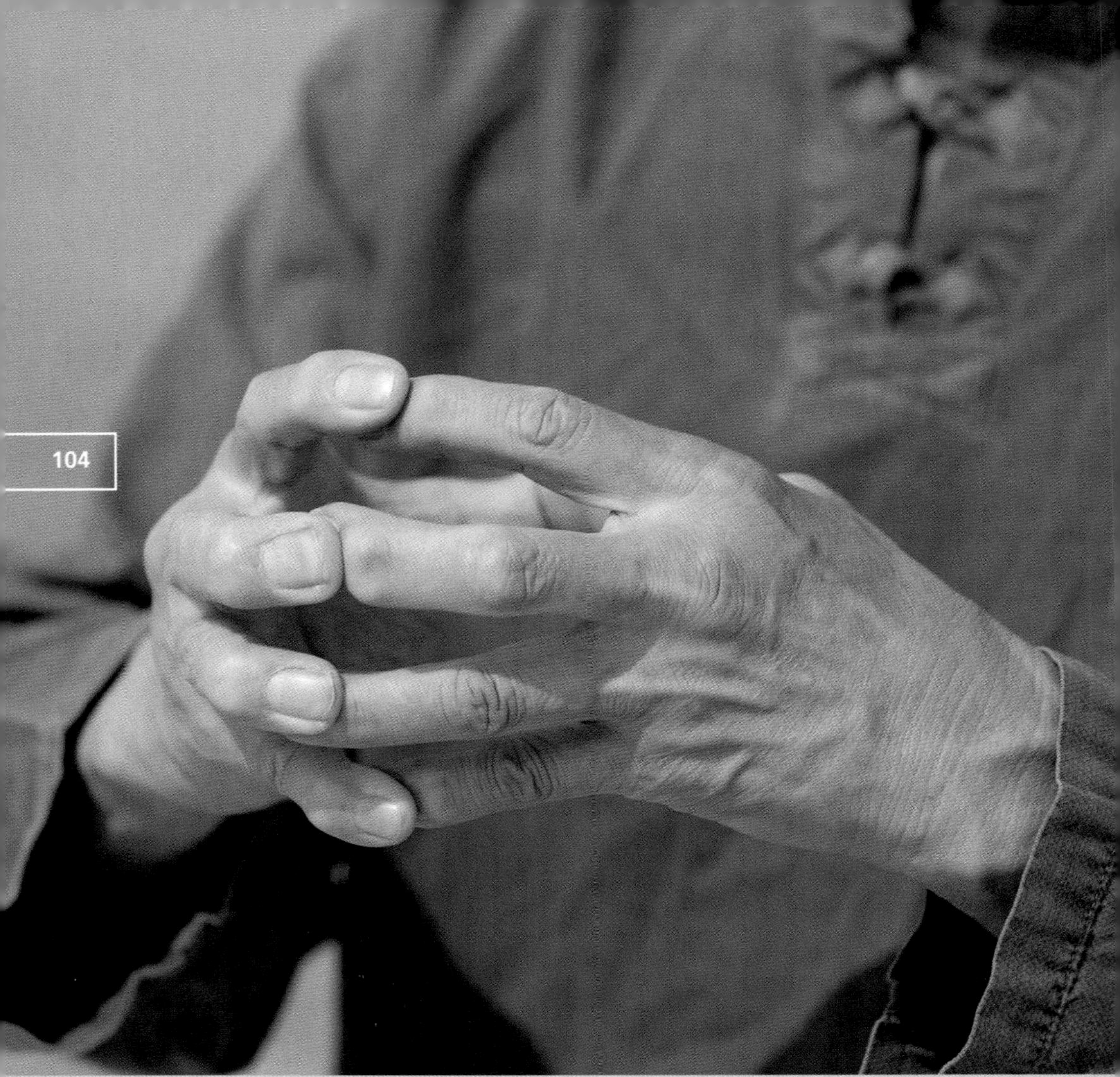

7. Halten Sie die Finger beider Hände so, als ob Sie einen imaginären Ball umfassen würden. Danach legen Sie die Fingerspitzen der linken Hand auf die Fingerspitzen der rechten Hand. Drücken Sie nun die Finger der rechten Hand mit aller Kraft gegen den Widerstand der Finger der linken Hand auseinander. Halten Sie die Spannung 10–15 Sekunden. Danach entspannen Sie die Hände wieder. Machen Sie 3–5 Wiederholungen und wechseln Sie dann die Hände.

8. Die Finger beider Hände umfassen wieder unseren imaginären Ball. Führen Sie die Hände in dieser Haltung etwa bis zur Schulterbreite auseinander und klopfen Sie dann schnell und fest mit den Fingerspitzen aufeinander. 20–30 Wiederholungen.

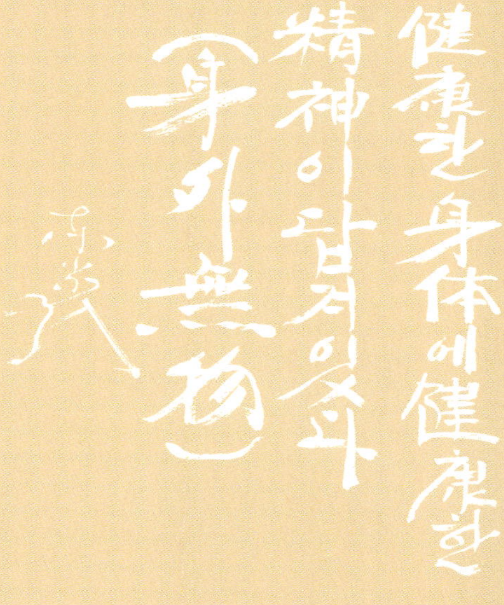

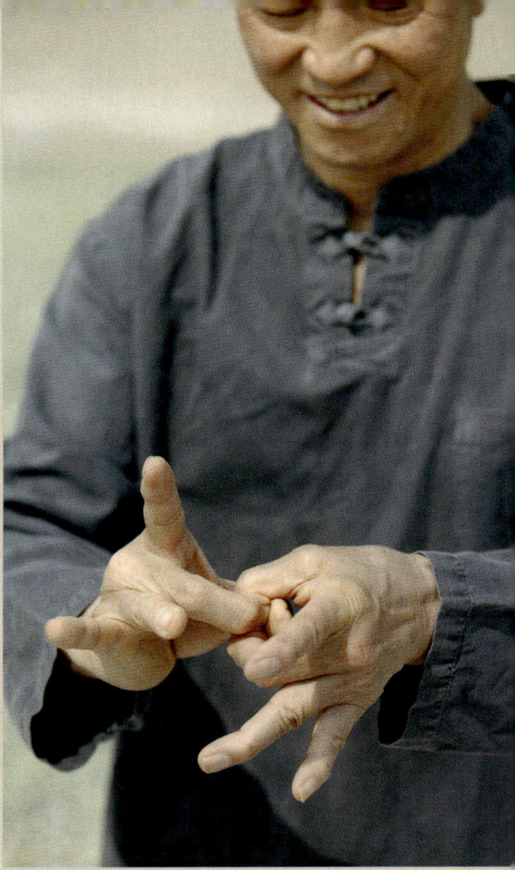

9. Bilden Sie mit Daumen und Zeigefinger einen Kreis. Fügen Sie den Kreis der rechten Hand in den Kreis der linken Hand wie bei zwei Kettengliedern (siehe Bild). Ziehen Sie die Hände gegen den Widerstand der Finger auseinander. Halten Sie die Spannung 10–12 Sekunden. Dann bilden Sie den Kreis mit Daumen und Mittelfinger (Ringfinger, Kleiner Finger) und wiederholen Sie die Übung.

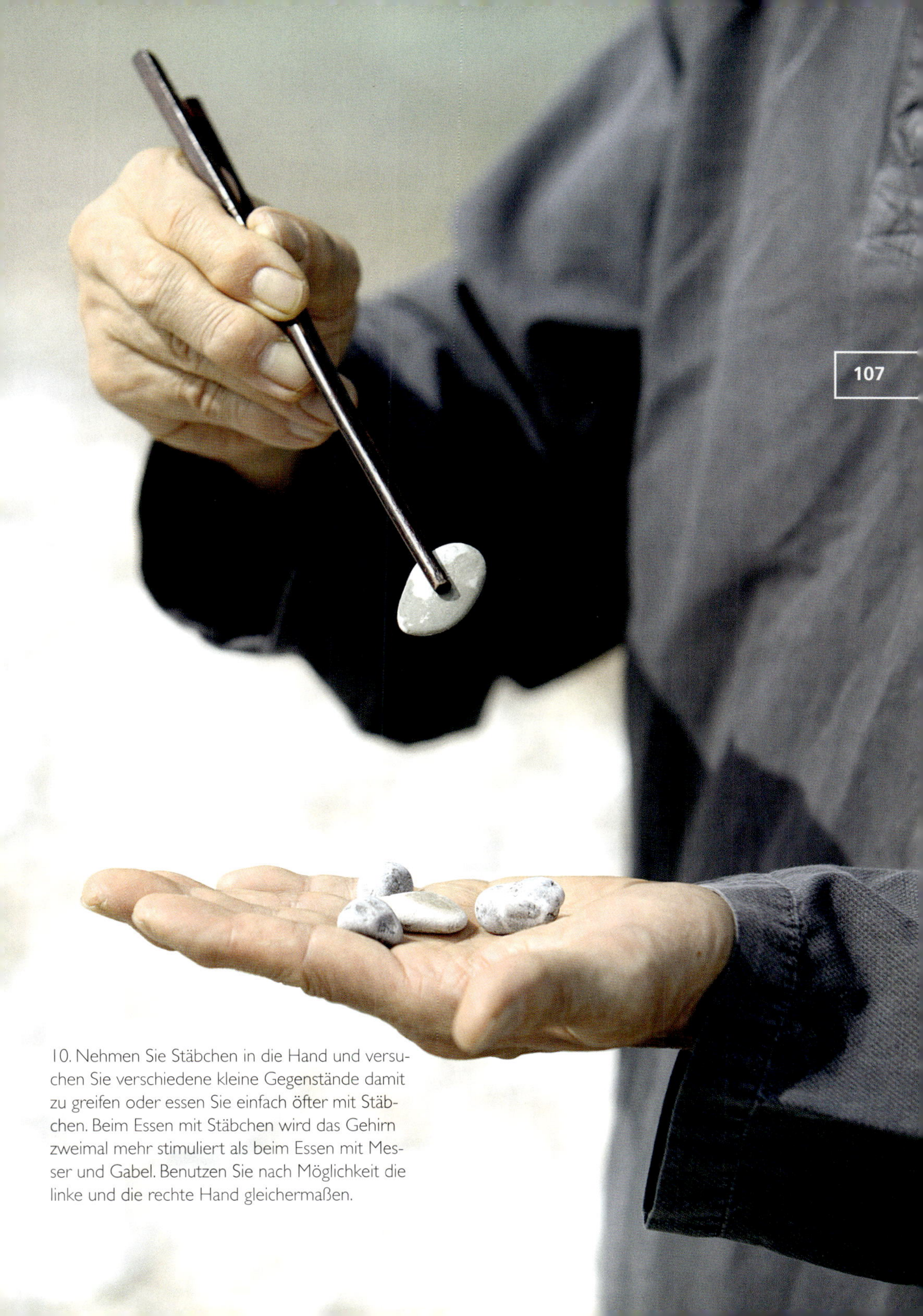

10. Nehmen Sie Stäbchen in die Hand und versuchen Sie verschiedene kleine Gegenstände damit zu greifen oder essen Sie einfach öfter mit Stäbchen. Beim Essen mit Stäbchen wird das Gehirn zweimal mehr stimuliert als beim Essen mit Messer und Gabel. Benutzen Sie nach Möglichkeit die linke und die rechte Hand gleichermaßen.

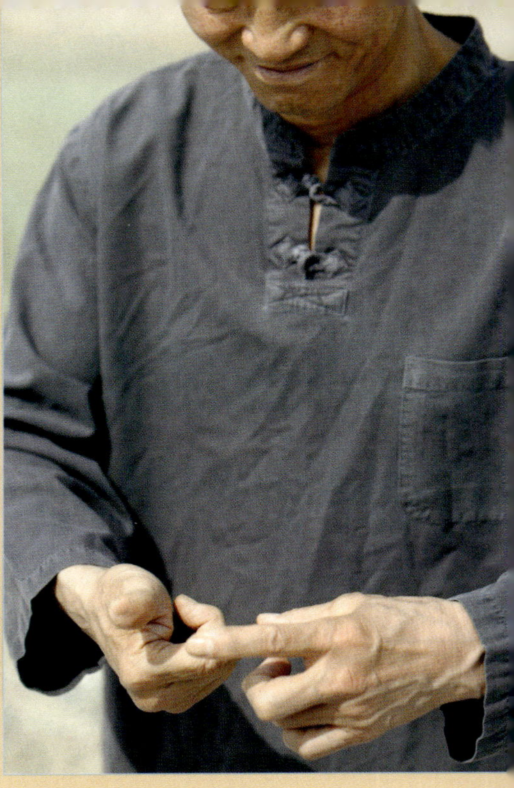

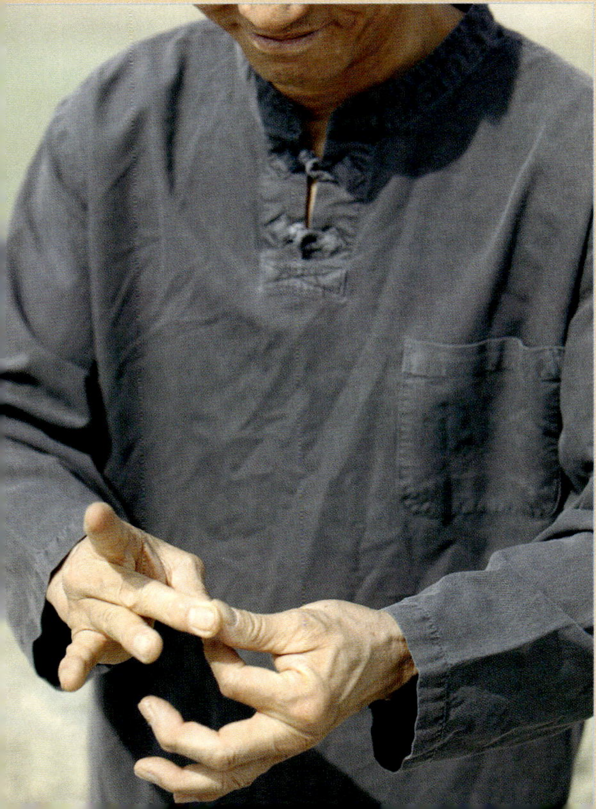

11. Setzen Sie den rechten Zeigefinger auf den linken Daumen (siehe Bild oben!). Dann drehen Sie den rechten Daumen vom Körper weg und den linken Zeigefinger zum Körper hin, bis sich beide Finger treffen. Lösen Sie nun den rechten Zeigefinger vom linken Daumen und drehen Sie den linken Daumen vom Körper weg und den rechten Zeigefinger zum Körper hin, bis sich die Finger wieder treffen. Setzen Sie die oben beschriebene Bewegung fließend fort. Drehen Sie die Finger vorwärts und rückwärts!

Dann wechseln Sie mit den Fingern durch, d.h. auf den Daumen werden der Reihe nach der Mittelfinger, der Ringfinger und der kleine Finger gesetzt.

Gehirnerholung

Kennen Sie den Spruch „Wissen ist Macht"? Auf Schultoiletten findet sich dazu häufig die Ergänzung „Aber nichts wissen macht auch nix". Beide Sätze sind gleichermaßen richtig wie unsinnig.

Wissen allein bedeutet noch längst nicht Macht. Mächtig ist nur der, der dieses Wissen gezielt und nutzbringend zu seinen eigenen Gunsten einsetzt – und hier könnte man nun auch beginnen, über das Wesen der Macht zu philosophieren. Aber natürlich ist es richtig, dass viel Wissen die Möglichkeit bietet, Macht zu erlangen, und wenn dieses Wissen beispielsweise dafür eingesetzt wird, „Macht" über den eigenen Körper und den eigenen Geist zu erlangen, kann es so verkehrt nicht sein. „Nichts wissen" macht also sehr wohl etwas aus, denn ohne Grundlagen ist der Mensch nicht einmal in der Lage, sein eigenes Selbst zu kontrollieren. Doch zuweilen ist „Wissen" auch nur ein Ballast, den wir mit uns herumschleppen – eine Last, die wir manchmal nicht einmal freiwillig schultern und die uns bleischwer nach unten drückt.

Das Gehirn und die Seele zu trainieren, erfordert es sogar bisweilen, von Geburt an gesammeltes Wissen beiseite zu schieben. Das ist nicht so einfach, wie es klingt. Versuchen Sie doch einfach mal, Ihren Geist zu „leeren". Denken Sie doch einfach mal an „nichts". An „überhaupt nichts". Gelingt Ihnen das? Es würde mich wundern.

Für die Erholung Ihres Gehirns soll jedoch alles Erlernte keine Rolle mehr spielen, denn unser Wissen kann unsere Seele tatsächlich belasten. Eine freie Seele erfordert einen freien, jungfräulichen Geist. Mit der Konzentration auf die oben genannten Übungen befreien Sie Ihren Geist von allen unnötigen Gedanken, Ihr Gehirn kann sich erholen. Es ist die Konzentration auf scheinbar simple Zusammenhänge der Koordination, die Ihre Gedanken „reinigt" und sie damit entlastet.

Oft stellt sich die Frage „Wer bin ich?" Eine Antwort wie „Ich bin Doktor" oder „Ich bin zweiter Vorsitzender in einem Sportverein" ist in diesem Zusammenhang unbefriedigend. Einen Titel zu tragen, ist wie ein Schmuckstück. Auf die Frage „Wer bin ich?" kann man nur antworten, wenn man sich „nackt" betrachtet. Dazu muss man alles aus dem Geist verbannen, was nicht dazu gehört. Nur so kann sich die Seele frei entfalten.

Am besten man entfernt seine alte, verstaubte Bibliothek, so ist der Geist leer und hat die Möglichkeit, in jeder Situation aus dem Universum zu schöpfen, zu lernen. Man ist nicht auf seine eigene Bibliothek beschränkt. Das bedeutet nicht, dass Sie auf Dauer alles Gelernte vergessen oder verdrängen sollen. Es heißt jedoch, dass Sie Ihrem Gehirn solche Momente der Erholung ab und zu einräumen müssen, um es frisch und aufnahmefähig zu erhalten. Der Satz „Ich gehe in den Urlaub, um meinen Akku ein wenig aufzuladen", ist nachvollziehbar. Solche „Urlaubs-Augenblicke" müssen Sie auch Ihrem Gehirn ab und an zugestehen.

Das Fazit dieses Kapitels:

Wenn man Chinakohl oder Milch unbehandelt stehen lässt, dann werden diese Lebensmittel schnell faul. Behandelt man aber die Milch, macht sie zu Käse oder legt den Chinakohl ein, so erhält man Lebensmittel, die eine längere Zeit haltbar sind. Auch das Gehirn erfordert solch eine spezielle Behandlung, eben ein Training…

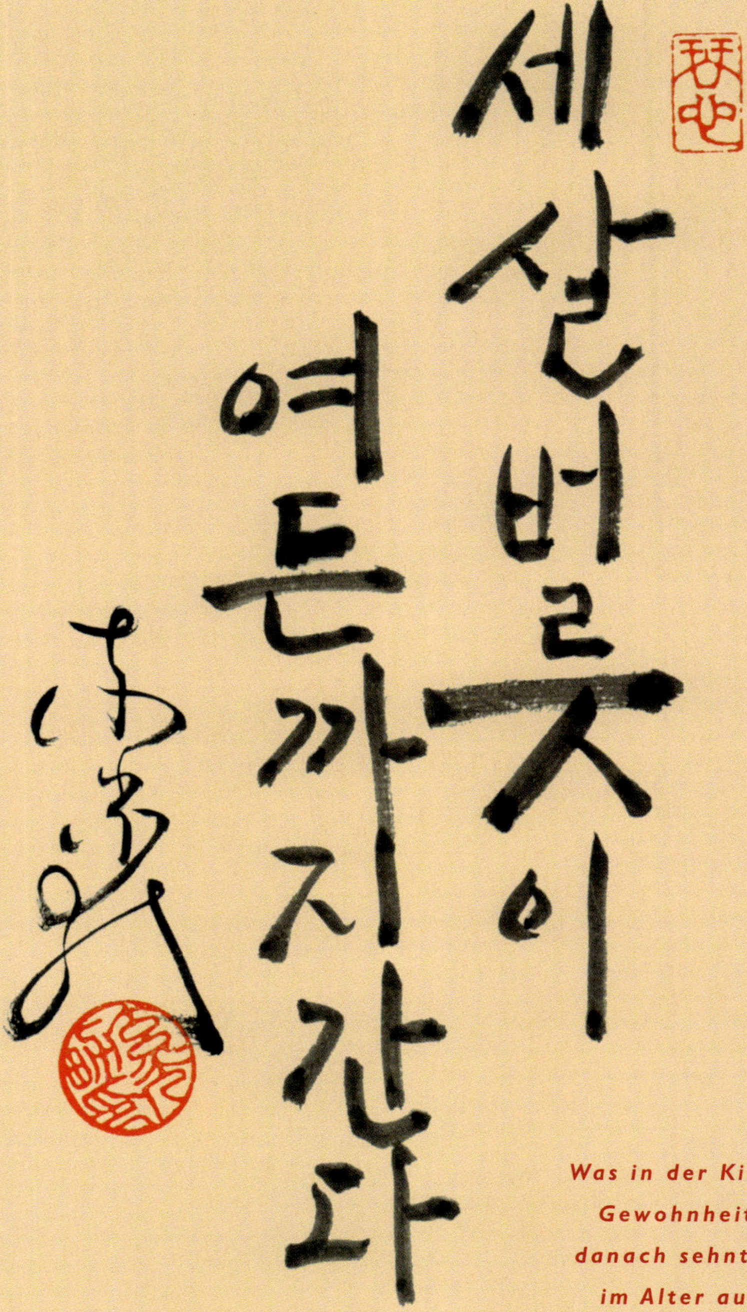

Was in der Kindheit zur
Gewohnheit wurde,
danach sehnt man sich
im Alter auch noch.

NAM-YŎ-NO-SO – DAS GEHEIMNIS DER DREI GENERATIONEN

남여노소 Sportliche Betätigung, um seine Gesundheit und sein Wohlbefinden zu fördern, ist eigentlich während jedes Lebensabschnitts möglich. Um ein effektives Training durchführen zu können, muss man verschiedene Gegebenheiten berücksichtigen wie beispielsweise die eigene Lebensgeschichte, den Trainingszustand des eigenen Körpers, Krankheiten und vor allem sein Alter. Diese Faktoren bestimmen, welche Art von Training für den Einzelnen möglich und geeignet ist. Es gibt altersbedingt gewisse Schwerpunkte, die beim Training beachtet werden müssen. Eines allerdings sollte Ihnen nach der Lektüre des folgenden Kapitels an und für sich unmöglich sein: Zu behaupten, Sie seien zu alt, um sich in Form zu bringen.

Kindertraining

Wenn man hört, was viele Erwachsene über Kinder sagen – dann ist es kaum verwunderlich, dass es in Deutschland immer weniger von ihnen gibt. Sie seien „zu faul", „zu frech", „zu aufsässig", „zu dick", „zu neunmalklug", „zu dumm", „zu aggressiv" und so weiter. Und am Ende einer solchen Aufzählung steht meist die Behauptung: „Also – zu meiner Zeit war das alles anders."

Es ist schwierig, zu ermitteln, welche Zeit solche Leute meinen. Denn als sie Kinder waren, sagten ihre Eltern oder Großeltern genau dasselbe über sie und über die besagten Väter und Mütter wurde wahrscheinlich von den Groß- und den Urgroßeltern Ähnliches behauptet. Ich kann Ihnen Schriften großer Dichter nennen, in denen die Klage über die Jugend ebenfalls im Mittelpunkt steht. Das alles bringt uns keinen Deut voran. Für mich steht vielmehr fest, dass die Kinder jeder Generation genau das sind, was ihre Eltern aus ihnen machen – denn Kinder orientieren sich an Vorbildern. Sie sind nicht besser und nicht schlechter als ihre Vorgänger oder Nachfolger, und sie haben ein Recht darauf, so gut wie möglich betreut und gefördert zu werden, denn sie sind unsere Zukunft.

So ist es unsere Pflicht, Kindern auch in körperlicher Hinsicht möglichst optimale Voraussetzungen und Möglichkeiten an die Hand zu geben. Kinder müssen eben nicht „zu dick", „zu schief", „zu krumm" aufwachsen. Denn eklatante Haltungsschäden sind mittlerweile schon bei den ABC-Schützen zu beobachten. Alle Kinder durchlaufen zwei größere Wachstumsphasen. Die erste liegt zwischen dem 5. und 7. Lebensjahr. Die zweite Phase erleben Mädchen zwischen dem 11. und 13., Buben zwischen dem 12. und 15. Lebensjahr. In dieser Zeit wachsen ihre Knochen schneller als ihre Muskeln und Sehnen, was zu Schmerzen in den Gelenken, zum Beispiel in den Knien, führen kann. Schließlich sind Muskeln und Sehnen dann für das Skelett zu kurz. Durch das

schnelle Wachstum der Wirbelsäule kommt es bei nicht ausreichender Dehnung der Rückenmuskulatur oftmals zur Ausbildung einer Seitwärtskrümmung des Rückgrats, der so genannten Skoliose. Mädchen sind davon häufiger betroffen als Jungen. Ein gutes Dehnprogramm, besonders in den jungen Jahren der Kinder, kann aber die Muskeln und Sehnen schnell und ohne Schwierigkeiten dem Skelett anpassen und somit Schäden vorbeugen.

Auch wenn die Dehnübungen anfangs mühsam sind, lassen sich Kinder leicht dazu motivieren, wenn man spielerische Elemente einbaut. Zum Beispiel kann man sich beim Training an den Bewegungen von Tieren orientieren und den Übungen den entsprechenden Namen geben. Das macht den Kindern Freude, denn so können sie in die Rolle verschiedener Tiere schlüpfen und sich dabei deren Geschmeidigkeit und Beweglichkeit auf lustige Weise aneignen.
Abgesehen vom Nutzen, den Kinder von solchen spielerischen Übungen haben, sei den Eltern gesagt, dass dieses Training auch Papa und Mama nicht schaden kann.

Skorpion

Auf den Bauch legen, Hände unter das Kinn. Nun das linke Bein nach oben schwingen und gleichzeitig mit dem rechten Bein im Bereich des linken Knies abstützen. Das Bein 10–15 Sekunden so halten, dann die Seite wechseln.

- auf gestrecktes Bein achten
- der Kopf soll gerade nach vorne schauen
- die Hüftgelenke und das nach oben gestreckte Bein werden gedehnt
- die Wirbelsäule wird stimuliert

Rabe

In die Hocke gehen und die Hände schulterbreit auf den Boden setzen. Die Arme leicht anwinkeln und die Knie auf die Ellenbogen stützen.

- Auf das Gleichgewicht achten
- nicht nach vorne kippen
- trainiert die Arm- und Schultermuskulatur

Salamander

Auf dem Bauch liegen, rechten Arm nach vorne strecken und das rechte Bein anwinkeln. Die rechte Hand fest auf den Boden drücken und sich gleichzeitig nach vorne ziehen. Dabei das rechte Bein strecken.
In der Vorwärtsbewegung greift die linke Hand weit nach vorne und das linke Bein wird angezogen.

- stimuliert alle Gelenke
- fördert die Koordination
- stärkt vorallem Arme, Schultern und Beine

세 살 버릇이
여든까지 간다

Affe

Im Sitzen das linke Bein strecken, das rechte Bein anwinkeln und den rechten Fuß so weit hinten wie möglich aufsetzen. Das rechte Knie mit dem rechten Arm von innen nach außen umfassen. Mit der linken Hand versuchen hinter dem Rücken die rechten Hand zu fassen. Danach die Seite wechseln.

- dehnt Arme, Schultern und Rücken
- durch die Drehung der Wirbelsäule können die einzelnen Wirbel wieder in ihre ursprüngliche Lage gelangen

Fledermaus

Im Sitzen die Beine so weit wie möglich spreizen. Mit den Händen die Zehen fassen und versuchen, mit dem Oberkörper zum Boden zu gelangen.

- auf geraden Rücken achten
- dehnt die Beine und die Hüftgelenke
- stimuliert die inneren Organe

세살버릇이
여든까지간다

Chamäleon

Auf den Bauch legen. Dann auf die Ellenbogen stützen und den ganzen Körper vom Boden abheben, so dass das Gewicht nur auf den Zehen und Ellenbogen liegt. Nun den linken Arm waagrecht nach vorne strecken und gleichzeitig das rechte Bein anheben.

- auf das Gleichgewicht achten
- die gesamte Körpermuskulatur wird trainiert
- 10–15 Sekunden halten
- Seite wechseln, möglichst ohne den Körper abzulegen

Delfin

Auf den Bauch legen, die Hände an die Außenseiten der Oberschenkel legen. Die Rückenmuskulatur anspannen und gleichzeitig Oberkörper und Beine vom Boden abheben.

- die Beine möglichst geschlossen halten
- stärkt Rücken-, Po- und Beinmuskulatur
- 10–15 Sekunden halten
- 3–5 Wiederholungen

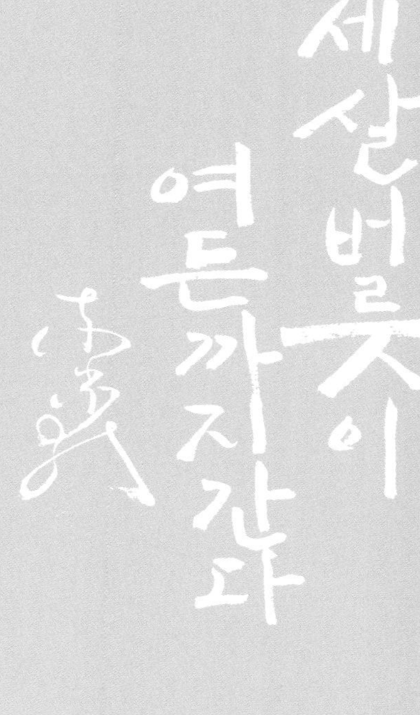

Taube

Auf dem Bauch liegen und die Hände in der Mitte vor der Brust aufstützen. Arme strecken und den Oberkörper nach oben aufrichten. Die Hüfte bleibt auf dem Boden, Kopf nach hinten. Die Knie anwinkeln und versuchen mit den Füßen den Kopf zu berühren.

- dehnt die Vorderseite der Oberschenkel, Bauch, Brust, Schultern und Hals
- stimuliert Hüftgelenke und Wirbelsäule
- 10–15 Sekunden halten

Frosch

Ausgangsstellung wie bei der „Taube". Nach dem Aufrichten des Oberkörpers die Fußsohlen aneinandersetzen und die Fersen so weit wie möglich zum Gesäß ziehen. Dabei werden die Knie nach außen geschoben.

- die Fersen nur so weit zum Po ziehen, dass sie immer auf dem Boden bleiben
- dehnt die Kniegelenke und –bänder
- Nieren werden stimuliert

Flamingo

Im Stehen mit der rechten Hand den linken Fuß fassen und den Fuß nach oben ziehen, bis der linke Unterschenkel parallel zum Boden steht. Nun die linke Hand zwischen Standbein und linker Kniekehle durchstecken und mit der linken Hand den rechten Knöchel fassen.

- stärkt die Fußgelenke und fördert das Gleichgewicht
- dehnt das Standbein
- 10–15 Sekunden halten
- dann die Seite wechseln

Lotus

Im Schneidersitz sitzen. Nun den rechten Fuß auf den linken Oberschenkel ziehen und den linken Fuß auf den rechten Oberschenkel.

- stimuliert Hüfte, Knie und Fußgelenke
- Kreuzbein und Steißbein kommen in eine ideale Position
- so bilden sie ein gutes Fundament für einen geraden Rücken
- langes Sitzen ist in dieser Position möglich

Schmetterling

Aus dem Stand den Oberkörper bis zur Waagrechten beugen. Gleichzeitig auch das gestreckte linke Bein bis zur Waagrechten anheben. Die Arme zum besseren Ausbalancieren zur Seite ausbreiten.

- stärkt die Fußgelenke und -bänder des Standbeins
- trainiert Schultern, Rücken, Po und Beine
- fördert das Gleichgewicht
- 10–15 Sekunden halten
- dann die Seite wechseln

Mittleres Alter

Wenn man älter wird, beginnen die Beweglichkeit der Gelenke und die Leistungsfähigkeit der Muskeln nachzulassen. Wir können diesem Vorgang jedoch erfolgreich entgegenwirken, indem wir mit Isometrik und Isotonik einzelne Muskeln und Muskelgruppen stärken sowie durch Stretching unsere Gelenke stimulieren und beweglich erhalten. Ein gezieltes Training beugt krankhaften Veränderungen wirksam vor.

Die Bewegung der Gelenke und damit einhergehende Muskeltätigkeit beim Stretching regt großflächig Akupunkturpunkte an und verbessert damit auch die Organtätigkeit. Krankheiten wie beispielsweise Osteoporose werden dadurch vermieden. Weitere positive Effekte dieses Programms sind eine gute Figur und schöne, straffe Haut – beides gilt auf der ganzen Welt als erstrebenswertes Ideal.

Durch regelmäßiges Üben finden Sie zu körperlichem, geistigem und seelischem Wohlbefinden und besitzen damit ein Bollwerk gegen Krankheiten und Stress. Wer sich in einem Zustand körperlich-seelischen Gleichgewichts befindet, trägt ganz selbstverständlich auch zu einem friedlicheren, ausgeglicheneren Miteinander bei und nützt damit nicht nur sich selbst, sondern auch seinen Mitmenschen. Anders ausgedrückt: Körperliche und geistige Gesundheit fördern das soziale Gleichgewicht.

Zurück zum Thema „mittleres Alter": In Korea sagt man:

Je reifer der Reis,
desto weiter neigt sich die Rispe.

Junger Reis steht aufrecht, da die Rispe noch nicht mit Früchten gefüllt ist. Reifer Reis dagegen muss eine mit Früchten prall gefüllte Rispe tragen und neigt sich deshalb nach unten. Das Wesentliche aber – die reife Frucht – kann man von außen nicht sehen. Die Reife lässt sich nur durch die veränderte Haltung der Reispflanze erkennen.

Und genau wie die Reispflanze muss sich auch der Mensch innerlich entwickeln und eine innere Reife erlangen, die von außen auf den ersten Blick nicht sichtbar sein muss. Dies sollte ein ganz persönliches, eigenes Bestreben sein, das man nur für sich selbst vorantreibt, für seine eigene Gesundheit, sein eigenes Wohlbefinden und seine eigene Entwicklung. Auf diesem Weg darf man sich nicht beirren lassen. Das Urteil der anderen darf dabei keine Rolle spielen.

Isometrik und Isotonik

Isometrik („gleiches Maß") ist eine Trainingsmethode, bei der ein Muskel oder eine Muskelgruppe trainiert wird, ohne die Länge der Muskeln zu verändern.

Mit Isotonik („gleiche Spannung") wird eine Trainingsart bezeichnet, bei der die Muskeln durch das Aufrechterhalten einer gleichbleibenden Spannung im Muskel trainiert werden.

Auf dem Boden sitzen und beide Knie bis zum 90°-Winkel anziehen. Dann beide Knie nach rechts auf den Boden legen. Das rechte Bein bleibt in dieser Stellung, das linke Bein wird nach hinten ausgestreckt. Dabei muss das Gesäß vom Boden abgehoben und der Oberkörper nach vorne gedreht werden, so dass die Vorderseite des hinteren Oberschenkels zum Boden zeigt. Die rechte Hand liegt auf dem rechten Knie und die linke Hand auf dem rechten Fußballen.

- beugen Sie nun den Oberkörper nach vorne

세살버릇이
여든까지간다

- dann die Arme strecken und den Oberkörper aufrichten
- dehnt Bauch, Rücken, Knie und Hüftgelenk
- die Bauchorgane werden stimuliert
- 10-mal den Oberkörper nach oben und unten

Im Sitzen das rechte Bein anwinkeln und das linke Bein strecken. Knie gerade! Fassen Sie nun mit der linken Hand von innen die linke Ferse und drücken Sie mit der rechten Hand auf das rechte Knie. Durch den Zug der linken Hand und den Druck der rechten Hand wird der Oberkörper mittig nach unten bewegt.

- stimuliert Rücken, Hüfte und Knie
- 10–15 Sekunden halten

세 살 버릇이 여든까지 간다

Lassen Sie das Knie angewinkelt und stellen Sie das rechte Bein auf die Fußsohle. Bringen Sie die rechte Fußsohle so weit wie möglich nach hinten. Das rechte Knie umfassen Sie mit dem rechten Arm von innen nach außen. Mit der linken Hand versuchen Sie, hinter dem Rücken die rechte Hand zu fassen.

- dehnt neben der Hüfte auch Schulter und Rücken
- stimuliert die Wirbelsäule
- 10–15 Sekunden halten

Lassen Sie nun das rechte Knie zu Boden sinken und fassen Sie mit der rechten Hand das rechte Knie oder Fußgelenk. Ziehen Sie mit der rechten Hand am rechten Fußgelenk, so dass der rechte Oberschenkel möglichst weit nach außen kommt (Hürdensitz). Die linke Hand hält die Zehen des linken Fußes fest. Bringen Sie nun den Oberkörper so nahe an den Boden heran wie möglich.

- dehnt den Oberschenkel und die Hüfte
- 10–15 Sekunden locker hängen lassen
- oder 5–10-mal mit dem Oberkörper leicht nach vorne wippen

Auf dem Boden sitzen und beide Fußsohlen aneinander setzen. Die Knie locker nach außen geklappt hängen lassen. Die Füße etwa einen halben bis dreiviertel Meter vom Gesäß wegschieben. Dann bringen Sie die Arme unter den Unterschenkeln hindurch und fassen die Füße oder Fußgelenke. Ziehen Sie jetzt den Oberkörper so weit wie möglich nach unten.

- stärkt Schultern und Arme
- dehnt Hüfte und Rücken, vor allem den Lendenwirbelbereich
- besonders zu empfehlen bei Ischias- oder Bandscheibenproblemen
- 20–30 Sekunden halten

Eine Steigerung der oben beschriebenen Übung ist, wenn Sie die Arme nicht nach vorne unter den Unterschenkeln hindurchschieben, sondern sie nach hinten unter den Oberschenkeln hindurch strecken.

- dabei müssen die Handflächen nach oben zeigen
- anfangs – solange die Beweglichkeit noch fehlt – kann der Druck der Oberschenkel auf die Ellenbogen recht stark sein
- Ellenbogen deshalb immer anspannen
- 20–30 Sekunden halten

Ziehen Sie mit den Händen die Fersen so weit wie möglich an das Gesäß heran. Versuchen Sie mit dem Oberkörper zu den Füßen zu kommen. Die Arme legen Sie locker vor den Unterschenkeln auf den Boden.

- dehnt die Hüfte und hauptsächlich die Innenseiten der Oberschenkel
- 20–30 Sekunden halten

Grätschen Sie nun die Beine so weit wie möglich. Sitzen Sie aufrecht und legen Sie die Hände auf die Knie. Spannen Sie alle Muskeln der Beine mit maximaler Kraft an und ziehen Sie die Zehen in Richtung Körper.

- kräftigt und dehnt die gesamte Beinmuskulatur
- 10–15 Sekunden anspannen

Danach bringen Sie den Oberkörper locker nach vorne in Richtung Boden. Wenn möglich, den Oberkörper auf dem Boden ablegen.

- stimuliert die Geschlechts- und Ausscheidungsorgane
- dehnt die Hüfte
- 20–30 Sekunden den Oberkörper hängen lassen bzw. ablegen
- oder 15–20-mal locker nach vorne wippen

Beide Beine nach vorne ausstrecken und die Fersen von außen mit den Händen fassen. Knie gerade! Dann den Oberkörper auf die Oberschenkel legen und die Ellenbogen zum Boden bringen.

- dehnt Beine, Hüfte und Rücken
- stärkt Arme und Schultern
- stimuliert die Verdauungsorgane
- 20–30 Sekunden halten

Das linke Knie anwinkeln und den linken Fuß mit dem Spann so nahe am Körper wie möglich auf den rechten Oberschenkel legen. Den linken Arm hinter dem Rücken vorbeiführen und mit der linken Hand versuchen, den linken Fuß zu fassen. Gleichzeitig hält die rechte Hand die Zehen des rechten Fußes. Die Augen blicken über die linke Schulter nach hinten.

- dehnt Hüfte, Knie und Fußgelenke
- stimuliert die Schultern und die Wirbelsäule
- 10–15 Sekunden halten

Im Sitzen den linken Spann auf dem rechten Oberschenkel liegen lassen. Das rechte Bein ganz anziehen und das linke Knie zum Bodendrücken. Die rechte Hand umfasst das rechte Fußgelenk und die linke Hand stützt sich am Boden ab.

- dehnt Fuß-, Knie- und Hüftgelenk
- 10–15 Sekunden halten
- Danach den rechten Fuß gleich auf den linken Oberschenkel legen und mindestens 1 Minute im Lotussitz bleiben.

Nach diesem Durchgang die Übung wiederholen, aber jetzt mit dem linken Bein vorne beginnen.

Stress macht krank

Noch immer sind wir beim Thema „mittleres Alter". Sie merken schon, dass man diesen Abschnitt recht weiträumig auffassen kann – so wie es die meisten Menschen ohnehin tun. „Mittleres Alter" bedeutet inoffiziell das Ende der Kindheit und Jugend, steht aber noch vor dem Erreichen der Rente. Grob eingeteilt: Zwischen dem 30. und dem 60. Lebensjahr. Was ist uns in dieser Zeit am wichtigsten?
Nun, genügend Geld zu haben, macht das Leben in diesen Jahren auf jeden Fall angenehmer. Aber Sehr viel Geld zu besitzen, kann auch Stress verursachen. Viele Menschen haben dann schnell Angst um ihr Geld, wollen es ständig vermehren, ärgern sich selbst über kleine Verluste, und das Geld wird zu ihrem Lebensinhalt. Sie vergessen darüber, dass die Gesundheit sehr viel wichtiger ist. Angst und Stress schaden ihr mehr als alles andere. Für das Wort „Geld" können Sie natürlich auch andere Begriffe einsetzen – Immobilien, Aktien, Macht. Das Resultat bleibt sich gleich: Die Jagd nach innen macht uns krank.
Um Stress abzubauen, muss man lernen, die schönen Momente des Lebens wahrzunehmen und zu genießen, das heißt auch: in der Gegenwart zu leben und nicht nur für die Zukunft zu planen. Dies erfordert Übung, die sich aber lohnt.
Die folgenden Vorschläge sollen dazu beitragen, dass Sie jeden Tag mehr genießen können, Stress abbauen oder erst gar nicht aufkommen lassen:

- Hören Sie Musik, die Ihnen gefällt. Das erhöht die Endorphinproduktion im Körper, entspannt und macht gute Laune.
- Verbringen Sie gemeinsam mit Ihrem Partner oder Ihren Freunden gemütliche Stunden.
- Auch wenn Sie spät zu Bett gegangen sind: stehen Sie morgens trotzdem pünktlich auf. Damit vermeiden Sie Zeitdruck, und Stress kommt erst gar nicht auf.
- Strecken Sie öfter abwechselnd Ihre Arme nach oben und seitlich aus und dehnen Sie den Schulterbereich, denn Stress setzt sich besonders in der Schultermuskulatur fest.
- Denken Sie an Ihre Gesundheit und genießen Sie gutes und bekömmliches Essen. Informieren Sie sich über gesunde, schmackhafte Ernährung.
- Suchen Sie Entspannung beim Wandern, durch Meditation oder Bewegung. Das erhöht Ihre Lebensenergie, und regelmäßiges Training stimuliert und festigt Ihr Immunsystem.

Fühlen Sie sich nach dem Lesen dieser Tipps womöglich irgendwie betrogen? Veralbert? Erscheinen Sie Ihnen wieder einmal gar zu simpel? Sie mögen Recht haben – diese Ratschläge sind simpel. Sie bedeuten die Reduzierung auf das Wesentliche. Zugegeben: Ihre Inhalte sind theoretisch jedem mehr oder weniger vertraut. Doch bereits an einer früheren Stelle dieses Buches habe ich gesagt, dass die schlichte Wahrheit durch ihre Schlichtheit nicht weniger wahr ist. Vor allem in Ihrer westlichen Kultur gilt außerdem die Regel, dass ein Ratschlag nur dann etwas taugt, wenn er irgendwo schriftlich niedergelegt wurde. Hat man nicht hier die Redewendung „schwarz auf weiß" erfunden? Bitte. Ich befolge lediglich Ihre Regeln…
Zurück zum Thema. Wenn Sie diese Tipps beherzigen – und dies sollte eigentlich nicht schwer sein –, dann verfügen Sie innerhalb vergleichsweise kurzer Zeit über eine deutlich verbesserte Vitalität. Und mit einer verbesserten Vitalität gewinnen Sie mehr Lebensfreude und -qualität. Die Liebe zum Leben und der Respekt vor anderen Menschen kommen dadurch fast von selbst. Sie haben mehr Kraft,

anderen Menschen etwas zu geben und so etwas bleibt nie ohne Echo.

Glücklichsein lässt sich lernen, sofern man auf seine grundlegenden Bedürfnisse achtet und sie ernst nimmt

Wie das Wasser in verschiedenen Erscheinungsformen vorkommt, so lässt auch unsere Seele die unterschiedlichsten Zustände erkennen. Sie kann – so, wie Wassertröpfchen in Verbindung mit Sonnenlicht einen Regenbogen erzeugen - schöne Momente schaffen, aber auch in tiefe Abgründe tauchen. Verharrt man in Gefühlen wie Zorn, Ärger, Kummer oder im Gegenteil, in ständiger Euphorie, führt dies zu Stress, der uns krank macht und Körper und Seele schadet. Deshalb sollte man immer einen Weg aus diesen Gefühlen heraus suchen und seine Mitte finden. Zur Verdeutlichung dieser Gedanken möchte ich Ihnen wieder einmal eine kleine Fabel an die Hand geben:

Der Jäger und die Füchse

Im Revier eines Jägers geschah einst etwas sehr Eigenartiges. Wie so oft durchstreifte er mit seiner Flinte die Wälder und Berge und hielt Ausschau nach jagdbarem Wild. Gegen Mittag suchte er sich einen stillen Platz im Wald, um auszuruhen und etwas zu essen. Kurz nachdem er es sich bequem gemacht hatte, hörte er ein leises Geräusch aus einem nahe liegenden Gebüsch. Neugierig geworden, pirschte er sich vorsichtig heran, in der angespannten Erwartung, reiche Beute zu machen. Hinter dem Gebüsch sah er zwei Füchse, die sich aufgeregt unterhielten. Der Jäger schlich sich so nahe an sie heran, dass er ihrer Unterhaltung lauschen konnte. Die Füchse sprachen von ihm als einer Plage, die alle Bewohner des Waldes bedrohe. Alle müssten ständig um ihr Leben bangen und es sei an der Zeit, sich zu wehren und den Jäger ein für allemal loszuwerden. Verschiedene Vorschläge wurden gemacht und wieder verworfen. Schließlich sagte der eine: „Wir sollten ihm Angst einjagen, so dass er sich nicht mehr aus dem Haus traut. Er soll möglichst viel Stress haben, dann wird er krank und kann nicht mehr auf die Jagd." „Dazu müssen wir aber erst wissen, wovor er Angst hat", erwiderte der andere. „Wir gehen am Abend zu seinem Haus und belauschen die Gespräche, die er mit seiner Frau führt." Da er dies gehört hatte, war der Jäger auf den heimlichen Besuch der Füchse vorbereitet. Er besprach alles mit seiner Frau, und sie ließen das Fenster geöffnet, so dass die Füchse auch alles hören konnten. „Weißt du, liebe Frau, ich fürchte mich vor nichts, denn ich habe ja die Flinte, da kann mir nichts passieren – was auch immer auf mich zukommt." „Da bin ich mir nicht so sicher, lieber Mann. Stell Dir vor, Du hättest auf einmal sehr viel Geld." „Da hast Du recht, dagegen könnte meine Flinte nichts ausrichten. Und es stimmt: Sehr viel Geld würde mich krank machen." Die Füchse hatten genug gehört und verschwanden wieder im Wald. Am nächsten Tag lag ein großer Berg Geld vor dem Haus des Jägers, und so auch die Tage darauf. Der Jäger und seine Frau freuten sich sehr über ihren gelungen Trick.

Von nun verbrachte der Jäger seine Zeit damit, sich Gedanken um sein Geld zu machen. Sein Leben veränderte sich. Er wurde faul und bequem. Denn durch das viele Geld konnte er sich alles im Überfluss leisten, er bewegte sich nicht mehr und seine Gedanken kreisten nur noch um das Geld.

Und die Füchse warteten darauf, dass der Jäger bald dem Stress nicht mehr standhalten konnte, krank wurde, und sie damit endlich von ihm befreit wären.

Aufgrund des zuvor Gelesenen wissen wir: Ohne es zu wollen, hat der Jäger den Füchsen den richtigen „Tipp" gegeben. So etwas nennt man ein „klassisches Eigentor"…

Senioren

Für Senioren ist leichter Sport ideal, denn im Gegensatz zur Muskulatur junger Menschen reduzieren sich ihre Muskeln mit den Jahren, besonders wenn sie nicht durch ständiges Üben trainiert worden sind. Es wäre jedoch vollkommen falsch, jetzt übermäßig Sport zu treiben, mit der Absicht, die fehlende Muskelmasse wieder aufzubauen. Damit wäre der Körper überfordert und es würden sich zu viele freie Radikale bilden, Stoffe, die das Immunsystem schwächen und zu Krankheiten führen können. Das ist besonders auch im Zusammenhang damit wichtig, dass unserem Körper im Alter weniger zellschützende Enzyme zur Verfügung stehen. Das macht ihn anfälliger für Erkrankungen. Dem gilt es vorzubeugen.

Bevor wir zu den möglichen Aktivitäten kommen, hier noch eine grundsätzliche Anmerkung: Ältere Menschen sollten möglichst auf fettreiches Essen verzichten, denn bedingt durch die Verlangsamung des Stoffwechsels, kann der Organismus zu viel Fett nicht richtig verarbeiten. Gewichtszunahme und „Zivilisationskrankheiten" wie Kreislaufstörungen, Bluthochdruck, Diabetes usw. sind als Folgen weithin bekannt.

Damit Sie Ihren Körper auch im Alter gesund erhalten, sind leichte Ausdauerübungen, verbunden mit Stretching, die beste Trainingsmethode. Zusätzlich empfehle ich ein wunderbares Allheilmittel, das für Jung und Alt gleichermaßen gut ist und für das man weder einen Arzt noch ein Rezept benötigt:

Einfach lachen – bis sich die Balken biegen!

Lachen bringt den Kreislauf in Schwung und senkt den Blutdruck. Der Körper wird dabei gut mit Sauerstoff versorgt, Endorphin wird ausgeschüttet, was beruhigt, glücklich macht und Stress abbaut. Dass Lachen gesund ist, konnten sogar wissenschaftliche Untersuchungen beweisen, indem sie zwischen der Stärke des Immunsystems und ausreichendem Lachen einen klaren Zusammenhang feststellten. Darum lachen Sie, es macht Sie nicht nur gesünder und fröhlicher, sondern erhält Sie auch jung.

Nun könnten Sie einwenden, dass Sie zum Lachen einen Grund, einen Anlass benötigen. Das ist nicht ganz richtig: Die Bereitschaft zum Lachen ist nämlich stets in uns vorhanden. Wenn zum Beispiel ein Gefühl der Liebe oder Freude in uns geweckt wird, entsteht ein Lächeln oder Lachen wie von selbst. Es ist, als würde ein Lichtschalter in uns betätigt. Man kann aber auch selbst nachhelfen und bewusst lachen. Dazu müssen Sie sich einfach nur eine Situation vorstellen, der Sie etwas Komisches abgewinnen können. Das kann ein Cartoon sein, eine Szene aus einem Film oder eine Begebenheit aus Ihrer Jugend. Erkennen Sie das Komische, lassen Sie es zu, dass Sie darüber lächeln müssen, dass Sie vielleicht sogar kichern.

Lassen Sie sich dann einfach in ein Lachen „hineinplumpsen", bis es Sie überschwemmt und forträgt. Möglicherweise funktioniert dies nicht auf Anhieb, denn je älter Menschen sind, desto mehr Hemmungen tragen sie bekanntlich mit sich herum. Doch Lachen lässt sich durchaus erlernen, und keinesfalls benötigt man immer einen Grund. Ehrlich. Ich praktiziere das laute Lachen mehrmals täglich, und glauben Sie mir bitte: Nur in wenigen Fällen habe ich dazu einen ganz konkreten Anlass. Dass mich manchmal humorlose Passanten etwas komisch anschauen, wenn ich dies auf offener Straße tue, nun, darüber kann ich ebenfalls nur – lachen…

Versuchen Sie, immer ein Lachen oder Lächeln in sich zu tragen. Lächeln Sie, wenn Sie in den Spiegel schauen oder wenn Sie anderen begegnen. Es sollte Ihnen zur Gewohnheit werden, so dass Ihr Gehirn förmlich danach verlangt. Sie werden sich gut und zufrieden fühlen. Ein koreanisches Sprichwort sagt: „Man kann nicht in lachende Gesichter spucken." Wunderbarer Friede also, wenn wir lachen.

Versuchen Sie doch jetzt einfach einmal zu lachen, als wären Sie ein bisschen verrückt, so dass es Ihren ganzen Körper schüttelt und Sie beinahe auf den Boden sinken. Dafür sollten Sie zunächst besser alleine sein – wenn Leute um Sie herum sind, könnte es zur Premiere recht schwierig werden. Doch wenn Sie gelernt haben, so sehr aus sich herauszugehen, wandert das Lachen vom Gesicht zum Oberkörper, von dort zum Bauchnabel bis zur Fußsohle. Ein solches Lachen stimuliert alle Akupunkturpunkte im Körper, und unser Herz geht auf. Das zentrale Energiezentrum (Dandzon) öffnet sich, Organe und Kreislaufsystem werden aktiviert, und auch üblicherweise nicht genützte Gehirnregionen und Muskeln werden angeregt.

Eine Minute solch herzhaften Lachens hat den gleichen Effekt wie zehn Minuten Jogging.

Geld zu sparen kann manchmal sinnvoll sein, doch sparen Sie nie einen Tag lang Ihr Lachen. Wenn Sie nicht gelacht haben, ist diese Chance für immer vergeben, denn Lachen kann man nicht aufbewahren. Lachen Sie also, so oft Sie können. Es kostet nichts und macht glücklich. Genau so wie die Liebe…

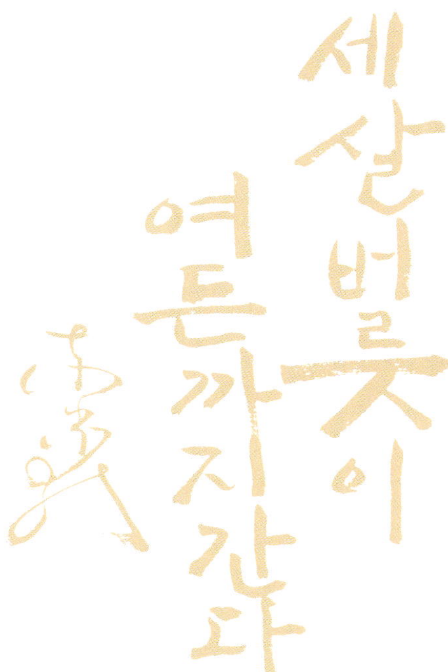

Auf der Stelle marschieren:

- führen Sie dabei vor der Brust das rechte Knie und den linken Ellenbogen zusammen
- mit den Augen nach rechts blicken

- dann führen Sie vor der Brust das linke Knie und den rechten Ellenbogen zusammen
- mit den Augen nach links blicken
- 1–2 Minuten durchhalten
- auf fließenden Ablauf der Bewegung achten

Fröhlich weitermarschieren:

- die Knie bis zur Hüfte anheben
- mit der rechten Hand das linke Knie berühren
- gleichzeitig schwingt der linke Arm nach hinten
- anschließend mit der linken Hand das rechte Knie berühren
- nun schwingt der rechte Arm nach hinten
- 1–2 Minuten durchhalten
- auf fließenden Ablauf der Bewegung achten

Schon außer Puste? Macht nichts! Marschieren Sie trotzdem weiter:

- linkes Knie wieder bis zur Waagrechten anheben
- gleichzeitig den rechten Arm gestreckt nach oben und den linken Arm nach hinten schwingen

- jetzt das rechte Knie bis zur Waagrechten anheben
- gleichzeitig den linken Arm gestreckt nach oben und den rechten Arm nach hinten schwingen
- wieder 1–2 Minuten durchhalten
- auf fließenden Bewegungsablauf achten

Dann stehen und mit der linken Fußinnenseite hinter dem rechten Bein vorbei auf die rechte Handfläche schlagen. Die Augen blicken auf die Hand an der rechten Körperseite.

Linken Fuß wieder absetzen und mit der rechten Fußinnenseite hinter dem linken Bein vorbei auf die linke Handfläche schlagen. Die Augen blicken auf die Hand an der linken Körperseite.

- noch mal 1–2 Minuten durchhalten
- auf saubere Bewegung und Koordination achten

Zum Schluss kräftig lachen und gleichzeitig die Finger beider Hände unabhängig voneinander hin und her bewegen.

- tief in den Bauch einatmen
- beim Lachen die Luft mit den Bauchmuskeln kräftig herausdrücken
- auf eine ungleichmäßige Fingerbewegung achten

Das Alter lebenswert machen

Der Mensch kommt mit leeren Händen auf die Welt und muss diese auch mit leeren Händen verlassen. Eine simple Wahrheit, die wir leider viel zu oft vergessen, verdrängen, ignorieren. Deshalb besteht kein Grund zur Verzweiflung, wenn man etwas in dieser Welt nicht geschafft oder verloren hat. Genauso besteht aber auch kein Anlass, überheblich zu sein, wenn einem Wohlstand oder besondere Ehren zuteil wurden. Das sind Äußerlichkeiten, die vom Wesentlichen ablenken. Unser Blick sollte sich auf das Innere konzentrieren. Gelingt uns das, sind wir gelassen und strahlen dies auch aus.

Viele Menschen versuchen gegen das Altern anzukämpfen. Sie möchten ewig jung bleiben, zumindest äußerlich. Deshalb wird oft versucht, den Körper an der Oberfläche zu verändern. Doch das Alter lässt sich nicht aufhalten – und es lässt sich auch nicht unter einer verjüngten Haut verstecken. Lifting, Fettabsaugen, Schönheitsoperationen – dies alles sind Hilfsmittel der Selbsttäuschung, mit denen versucht wird, dem natürlichen Lauf der Dinge ein Schnippchen zu schlagen. Nein, ich verurteile dies nicht, denn die Entscheidung über die Gestaltung des eigenen Lebens muss jeder Mensch für sich selbst treffen. Was ich jedoch bedauere, ist die Trägheit vieler Menschen, die vergessen, dass der Alterungsprozess durchaus zeitlich dehnbar ist. Das erfordert allerdings Training, das an die individuelle Leistungsfähigkeit des Einzelnen angepasst sein muss.

Mäßiges Essen, angemessenes Training und maßvolles Ruhen bilden die drei Grundpfeiler für ein langes Leben

Bewegungsmangel führt zu Krankheit. Der Körper signalisiert uns oft rechtzeitig, zum Beispiel durch Schmerzen, wo es ihm an etwas mangelt. Doch man neigt dazu, solche Signale zu ignorieren und einfach weiterzumachen wie bisher. Denn Veränderungen werden als lästig empfunden.
Ein durch Bewegungsmangel dick gewordener Mensch muss, um abzunehmen, seine überschüssige Energie verbrennen. Das kostet viel Kraft. Wenn dieser Mensch nun Sport treibt, ist seine Vitalkraft sofort verbraucht. Sein Herz ist besonders stark belastet und sein Körper wird Schwierigkeiten haben, sich optimal mit Sauerstoff und Nährstoffen zu versorgen. Deshalb kann es leicht passieren, dass dieser dicke Mensch Sport ablehnt, da er glaubt, sein Herz sei nicht in Ordnung. Das ist jedoch falsch gedacht. Ein übergewichtiger Mensch sollte in Absprache mit seinem Arzt ein individuelles Trainingsprogramm erstellen. Dieses sollte nicht zu einseitig gestaltet werden, so dass die Muskeln ausgeglichen belastet werden und es nicht zu Haltungsschäden kommt. Balance ist sehr wichtig, wenn wir unsere Gesundheit erhalten oder verbessern wollen. Ein ausgeglichener Säure-Basen-Haushalt und gute Organfunktionen gehören dazu.

Mit einer dem Alter angepassten Trainingsintensität erreichen wir einen widerstandsfähigen und belastbaren Körper und werden somit gesünder. Das mit dem Training einhergehende Schwitzen reinigt unseren Körper und hilft, ihn leistungsfähig zu erhalten. Wie ein Motor, der mit der Zeit verrußt und somit an Leistung verliert, wenn er nur kurze Strecken

in der Stadt oder stets untertourig gefahren wird, so „verrußt“ auch ein menschlicher Körper, der zu wenig bewegt wird, und büßt dadurch Leistungsfähigkeit und Widerstandskraft ein.
Unsere Lebensqualität hängt wesentlich von unserem Gesundheitszustand ab. Deshalb müssen wir unsere körperlichen und geistigen Fähigkeiten erhalten oder verbessern – und das geht nur, wenn wir in Bewegung bleiben – körperlich und geistig!

Wie man dem „Tod“ ein Schnippchen schlägt

Je älter man wird, desto mehr hat man das Gefühl, einen Berg zu besteigen. Ist der Zeitpunkt gekommen, dass der „Sensenmann“ an die Tür klopft, sollte man sich eine gute Ausrede einfallen lassen, um vorerst nicht mitgehen zu müssen. Wenn ein Mann beispielsweise 70 Jahre alt ist und der Tod einen Vermerk in seinem Kalender hat, könnte er behaupten, dass das Leben ja erst mit 70 beginnt. Schließlich sind sein Körper und seine Seele immer noch gesund. Mit 80 Jahren, zum Abholtermin, könnte er seine Frau vorschicken, die ernsthaft beteuert, er sei gerade in den Bergen zum Wandern. Außerdem könnte sie behaupten, er hätte stets ein Lächeln im Gesicht und sei immer fröhlich und guter Dinge. Wenn zum 90. wieder an die Tür geklopft wird, ist es immer noch zu früh. Er ist wunschlos glücklich und hat keinerlei Sorgen. Dann, im Alter von 100 Jahren, steht wieder Besuch ins Haus. Noch bevor der Tod etwas sagen kann, schallt es ihm entgegen: „Hallo, bitte keinen Stress – auf Wiedersehen!“ Zum 110. Jahr kommt der Gast erneut. Dieses Mal könnte man ihn mit der Ausrede verabschieden, mitzukommen, falls dafür Zeit sei.

Im Alter von 120 kommt der Sensenmann mit dem Auftrag von Gott, ihm mitzuteilen, er sei ein guter Mann mit sehr erfülltem Leben, der einen Wunsch offen habe. Es gibt jedoch keinen Wunsch mehr. Tagsüber den Garten zu pflegen, abends in Ruhe ein Buch zu lesen und den Rest des Lebens friedlich und ruhig zu verbringen, genügt ihm. Da hat der „Sensenmann“ bereits alles gehört.
Ein Leben ohne Sorgen zu führen, gelingt nur einem erleuchteten Menschen. Also geht der Tod wieder unverrichteter Dinge.
Wäre also Unsterblichkeit die Konsequenz eines wahrhaft ausgefüllten, perfekten Lebens? Mit einem kleinen Augenzwinkern möchte ich das Urteil darüber Ihnen überlassen. Für mich steht zumindest eine Tatsache fest: Glück und Zufriedenheit liegen meist viel näher, als wir selbst es für möglich halten.

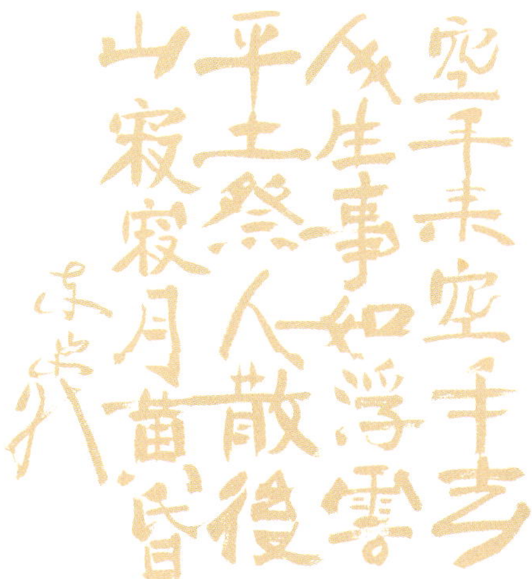

Mit leeren Händen komme ich, mit leeren Händen gehe ich. Wie Wolken zerrinnt das Leben, allein bleibe ich zurück nach dem Trauerfest. Still sind die Berge, es dämmert der Mond. Deshalb ist es wichtig in Liebe und Freundschaft zu leben.

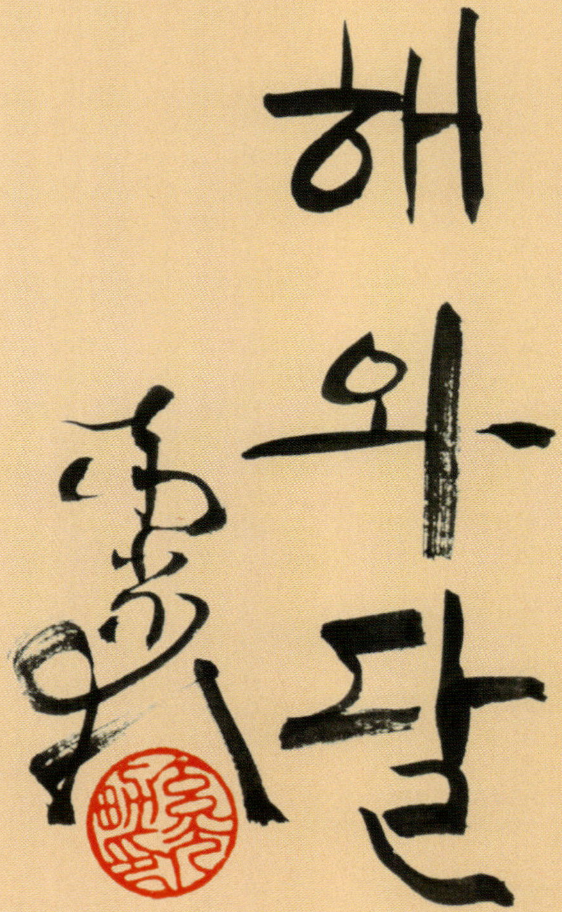

Ŭm und Yang –
Mond und Sonne

CH'UN-HA CH'U-DONG – BEWEGUNG IM RHYTHMUS DES JAHRES

춘하추동 Auch der Kreislauf der vier Jahreszeiten ist – wie alles im asiatischen Denken – dem Prinzip von Ŭm und Yang unterworfen. So wird das Jahr geteilt in ein Yang-Halbjahr und ein Ŭm-Halbjahr. Das Yang-Halbjahr wird unterteilt in den Frühling (ch'un), das kleine Yang, und den Sommer (ha), das große Yang. Ebenso verhält es sich beim Ŭm-Halbjahr. Das kleine Ŭm ist der Herbst (ch'u) und das große Ŭm der Winter (dong). Im Jahreskreis werden Sommer und Winter als großes Yang beziehungsweise als großes Ŭm bezeichnet, weil der Unterschied zwischen diesen Jahreszeiten auch am größten ist. Entsprechend gelten Frühling und Herbst als kleines Yang und kleines Ŭm, da bei ihnen der Unterschied zum jeweils „großen Bruder" Sommer und Winter nur klein ist.

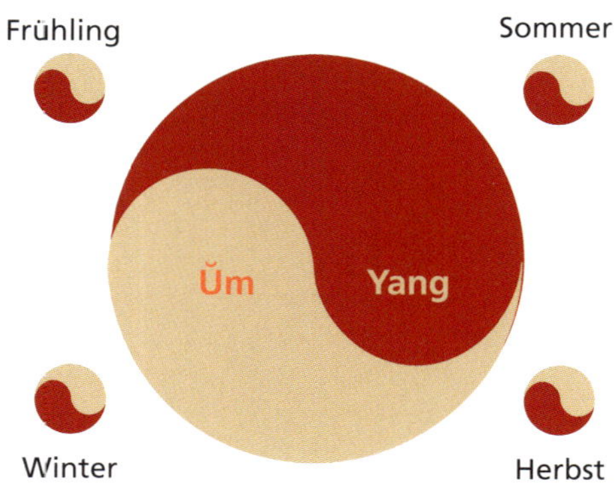

Im Wechsel der Jahreszeiten wird deutlich, dass die Natur einem energetischen Kreislauf folgt. Dieser Kreislauf steuert in den gemäßigten Breiten unserer Erde die Aktivitäten in der Natur. So gilt der Frühling als der Anfang des Jahres, als eine Art des Erwachens. Mit ihm wird der Winter beendet, werden die Tage wieder länger, die Temperatur steigt, und in der Natur beginnt sich wieder Leben zu regen. Im Sommer steigt die Temperatur weiter an, die Helligkeit des Tages bleibt uns noch ein Stück länger erhalten, die Natur steht im Zeichen des Wachstums und der Reife.

Nach der Sommersonnwende jedoch beginnt die Sonne ihre Kraft ganz allmählich zu verlieren, die Tage werden langsam wieder kürzer, es wird kühler, und der Herbst macht sich bemerkbar. Mit ihm kehrt wieder eine Art Ruhe ein in der Natur, das Wachstum verlangsamt sich, die Bäume verlieren ihre Blätter, und die Natur bereitet sich auf den bevorstehenden Winter vor. Nach der Herbst-Tag-und-Nacht-Gleiche dominieren die langen Nächte. Die Zeit des Lichts ist nun endgültig vorbei. Die Natur tritt in die Ruhephase des Winters ein, der in fast allen Kulturen symbolisch für das Ende und den Tod steht. Doch liegt hierin auch Hoffnung begründet, denn das scheinbare Sterben der Natur ist letztlich nur das Sammeln neuer Kraft, um im Frühling den Kreislauf des Lebens mit neuer „Energie" wieder beginnen zu können, ein energetischer Kreislauf. Auf diesen Kreislauf wird allerdings in unserer hoch technisierten Zeit kaum noch Rücksicht genommen. Der Mensch ist allzu überzeugt davon, er könne sich durch Technik „die Erde untertan" machen und sich über die Gesetze der Natur hinwegsetzen. In Wahrheit jedoch ist der Mensch ein Teil dieser Natur und ist somit auch ihren Gesetzen unterworfen. Die logische Konsequenz für mich ist: Der Anstieg der so genannten Zivilisationskrankheiten hängt auch damit zusammen, dass der natürliche Kreislauf des Lebens und der Energie systematisch umgangen und ausgehebelt wird – der Mensch betrachtet sich nicht mehr als einen Teil der Natur, sondern verhält sich eher wie ihr natürlicher Feind. Das kann auf Dauer nicht gut gehen.

Im Yang-Halbjahr ist die Energie am Ansteigen, das bedeutet, dass auch dem Menschen mehr Energie für die Bewältigung seiner Aufgaben zur Verfügung steht. Im Üm-Halbjahr dagegen nimmt die Energie wieder ab. Diesem Vorgang sollte auch der Mensch Rechnung tragen, indem er in diesem Zeitraum sorgfältiger mit seiner Energie haushält.

Frühling

Wenn sich der Frühling mit Vogelgezwitscher und Blütenpracht anzeigt, dann ist es auch mit unserer Wintermüdigkeit vorbei. Viele Menschen litten während der kalten Jahreszeit unter Bewegungsmangel. Ihre Knochen, Muskeln und Gelenke sind dadurch schwach geworden und „eingerostet". Gleichzeitig hat sich zu viel Fett unter der Haut abgelagert.

Im Frühling kommt die Lust, sich zu bewegen, fast von selbst wieder. Doch wer jetzt Sport treiben möchte, sollte unter allen Umständen seine körperliche Verfassung und sein Alter berücksichtigen, denn durch die ungewohnte Betätigung werden Blutkreislauf und Atmung stark beansprucht.

Beachten Sie deshalb stets die Reihenfolge Ihrer Aktivitäten: Zunächst sollte unbedingt die Gelenkigkeit verbessert werden. Vorsichtiges Dehnen und Beugen, seit kurzem als „Stretching" zum Modebegriff geworden, ist dafür am besten geeignet. Auch Wandern und Schwimmen sind ausgezeichnete Fitmacher, die nicht nur die Geschmeidigkeit des Körpers, sondern auch die Herztätigkeit verbessern. Wenn Sie allerdings gesundheitliche Probleme haben, ist es ratsam, beim Wandern auf steile Anstiege zu verzichten.

Grundsätzlich sollten Sie das Ausdauertraining nicht gleich übertreiben, sonst verhindert Muskelkater am nächsten Tag das Weitermachen. Übrigens: Die Theorie, dass man bei Muskelkater am besten unbeeindruckt weitertrainiert, um sich die Schmerzen „wegzuarbeiten", ist Unsinn. Damit riskieren Sie lediglich Muskelfaserrisse, die über einen längeren Zeitraum hinweg sehr schmerzhaft sind.

Zurück zum Thema Frühling und wie wir ihn erleben sollten: Der „Winterschlaf" für die Glieder ist nun vorbei. Strecken Sie sich, dehnen Sie Ihre Muskeln und Sehnen und bringen Sie Ihren Kreislauf wieder richtig in Schwung. Die folgenden Übungen sollen Ihnen dabei helfen. Noch einmal der dringende Hinweis: Lassen Sie' s ruhig angehen – übertreiben Sie nicht.

Setzen Sie sich im Schneidersitz auf den Boden, so dass das linke Bein vorne ist. Ziehen Sie das rechte Bein so weit wie möglich an den Körper, das linke Bein schieben Sie etwa einen halben bis dreiviertel Meter vom Körper weg. Achten Sie darauf, dass das Knie nach außen geklappt ist. Fassen Sie nun mit beiden Händen den linken Fuß und ziehen Sie den Oberkörper zum Boden.

- 15–20 Sekunden halten
- dann die Beine wechseln

Legen Sie sich auf den Rücken und bringen Sie die gestreckten Beine hinter dem Kopf auf den Boden.

- stimuliert Kehlkopf und Schilddrüse
- atmen Sie durch die Nase – das geht leichter
- wenn möglich fassen Sie mit den Händen Ihre Zehen

Stützen Sie die Hüfte mit den Händen und bringen Sie die gestreckten Beine nach oben zur Kerze. Beginnen Sie nun mit den Beinen „Rad zu fahren“.

- beschreiben Sie mit den Füßen möglichst große Kreise
- achten Sie auf runde und gleichmäßige Bewegungen
- je schneller Sie „fahren“, desto anstrengender wird es
- etwa eine Minute durchhalten

Legen Sie sich auf den Rücken und heben Sie die Beine und die Schultern etwas vom Boden ab.

- achten Sie darauf, dass die Lendenwirbelsäule auf dem Boden bleibt
- je weiter die Arme nach hinten gestreckt werden, um so schwerer wird die Übung
- 10–15 Sekunden halten

Aus der vorherigen Stellung heben Sie die Beine und den Oberkörper weiter an, bis Beine und Oberkörper ein „V" bilden.

- achten Sie darauf, dass die Beine gestreckt sind.
- die Arme strecken Sie parallel zu den Beinen in Richtung Zehen
- die Füße sollten möglichst in Kopfhöhe sein
- 10–15 Sekunden halten

In der oben beschriebenen „V-Stellung" bleiben und nur die Finger hinter dem Rücken verschränken.

- anfangs kann man sich mit den Händen hinter dem Rücken abstützen
- allerdings sollte man immer versuchen, die gestreckten Arme so weit wie möglich nach oben zu ziehen, damit man ohne Stütze sitzt

Danach lassen Sie die Beine langsam auf den Boden sinken und beugen den Oberkörper nach vorne.

- versuchen Sie, mit der Brust zu den Knie zu kommen
- ziehen Sie die hinter dem Rücken verschränkten Arme möglichst weit nach oben

Fassen Sie nun die Fußaußenkanten mit den gekreuzten Händen, d.h. die linke Hand greift an die rechte Fußaußenkante und die rechte Hand an die linke Fußaußenkante. Versuchen Sie mit der Brust zu den Knien zu kommen

- achten Sie auf einen geraden Rücken
- ziehen Sie ihren Oberkörper mit den Armen nach vorne, aber nur soweit es ihre Wirbelsäule zulässt.
- Nie mit Gewalt!
- Hören Sie auf Ihren Körper!
- 10 – 15 Sekunden halten

Danach lösen Sie die linke Hand von der rechten Fußaußenkante und drehen den gestreckten linken Arm nach links hinten. Folgen Sie Ihrer Hand mit den Augen!

- Knie durchgedrückt lassen
- Langsam nach hinten drehen
- Die rechte Hand bleibt am linken Fuß
- 10 – 15 Sekunden so bleiben

Nun drehen Sie den Oberkörper wieder nach vorne und die linke Hand fasst wieder den rechten Fuß. Lösen Sie jetzt die rechte Hand von der linken Fußaußenkante und drehen den gestreckten rechten Arm nach rechts hinten. Folgen Sie Ihrer Hand mit den Augen!

- Knie durchgedrückt lassen
- Langsam nach hinten drehen
- Die linke Hand bleibt am rechten Fuß
- 10 – 15 Sekunden so bleiben

Drehen Sie den Oberkörper wieder zurück, fassen Sie noch mal mit beiden Händen die Füße und lösen Sie dann langsam beide Hände von den Füßen. Stellen Sie nun die Hände in Schulterbreite neben die Hüfte oder etwas dahinter auf den Boden. Heben Sie die Hüfte an und bringen Sie sie soweit nach oben wie möglich.

- Kopf in den Nacken legen
- auf gerade Knie achten
- die Hüfte 10 – 15 Sekunden oben halten

Die Hüfte wieder langsam auf den Boden sinken lassen. Winkeln Sie nun das rechte Bein an und stellen Sie den rechten Fuß auf das gestreckte linke Knie.

Drehen Sie nun das linke Knie mit samt der Hüfte nach rechts.

- Die Hände bitte nicht verrutschen!
- versuchen Sie das Knie zum Boden zu bringen
- bleiben Sie etwa 10 Sekunden in dieser Stellung
- danach wechseln Sie die Beine

Sommer

So schön der Sommer sein kann, oft macht er uns auch zu schaffen. Bei großer Hitze sinkt die Leistungsfähigkeit, wir schwitzen, werden müde und schlapp. Der Kreislauf wird belastet, die Konzentration leidet. Dafür sind verschiedene Vorgänge im Körper verantwortlich: Schwitzen führt zu Wasserverlust, der wiederum den Rückfluss des Blutes in den Venen beeinträchtigt, so dass sich die Körpertemperatur erhöht. Um sich Kühlung zu verschaffen, reagiert der Organismus mit einer höheren Pulsfrequenz. Die Belastungsfähigkeit sinkt rapide. Durch den Flüssigkeitsverlust verdickt sich das Blut, was zu Sauerstoffmangel im Gehirn und damit zu Konzentrationsstörungen führen kann. All diese höchst unangenehmen Zustände lassen sich jedoch leicht vermeiden. Das Zauberwort heißt „trinken". Vergessen Sie nie, genug Flüssigkeit - am besten Wasser, eventuell mit Zusätzen, die den Elektrolyt-Haushalt ausgleichen – zu sich zu nehmen, denn wenn Sie schwitzen, benötigt der Körper ständig Nachschub an Flüssigkeit, um seine Funktionen ungestört aufrecht erhalten zu können. Im Sommer sollten Sie sich nicht übermäßig anstrengen und sich, entsprechend dem allmählichen Anstieg der Temperaturen, ebenso gleichmäßig an diese gewöhnen. Übrigens: Direkte Sonneneinstrahlung schadet nicht nur der Haut, sondern dem ganzen Körper. Für das Training sind jetzt die Morgen- und Abendstunden besonders geeignet. Sie sollten mit den Übungen langsam beginnen und in den ersten drei bis fünf Tagen nach und nach die Belastung steigern, so dass der Körper sich daran gewöhnen kann. Um einen Hitzestau zu vermeiden, empfiehlt sich Funktionswäsche, die die Temperatur ausgleicht und den Schweiß nach außen abgibt. Auch für diese Jahreszeit habe ich Ihnen natürlich eine Übungsserie zusammengestellt.

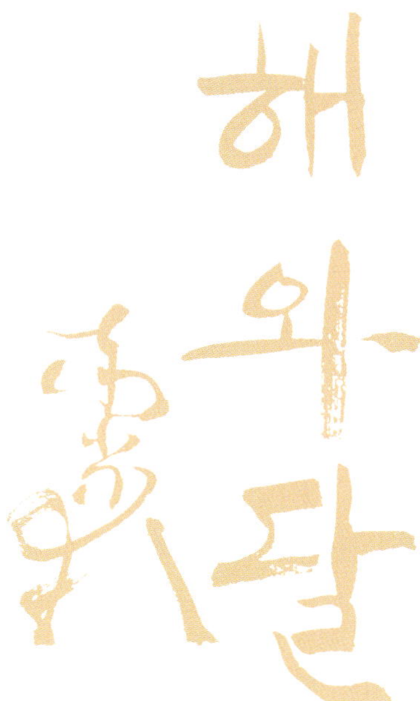

Aufrecht stehen und mit gestreckten Armen über dem Kopf klatschen.

Bauch anspannen und mit den Handflächen fest auf den unteren Bauch schlagen.

해와 달

Wieder mit gestreckten Armen über dem Kopf klatschen.

Dann leicht in die Knie gehen und mit beiden Handflächen auf die Oberschenkel schlagen.

Die Knie wieder strecken und gleichzeitig mit den gestreckten Armen über dem Kopf klatschen.

해와달

Die Knie wieder leicht beugen und nun mit den Handflächen auf die Schienbeine schlagen. Dann wieder Knie strecken und über dem Kopf klatschen. Die Übung fortsetzen, indem Sie auf die Rückseite der Oberschenkel und die Waden, dann auf die Außenseite der Oberschenkel und der Waden und zuletzt auf die Innenseite der Oberschenkel und der Waden schlagen.
Danach beginnt die Übung wieder von vorne.

- nicht vergessen: immer über dem Kopf klatschen
- Reihenfolge: vorne, hinten, außen, innen
- je schneller Sie sich bewegen, um so intensiver wird die Übung
- auf korrekte Ausführung achten
- Diese Übung sorgt für einen stabilen Kreislauf, gute Gelenkigkeit und eine funktionierende Verdauung
- Durch die Stärkung des Kreislaufs findet im Körper ein Temperaturausgleich zwischen heiß und kalt statt (vgl. Kapitel Sam-ch'o)

Golf spielen

Ausgangsstellung wie oben, nur die Finger ineinander verschränken.

- Arme weit nach oben strecken

Mit Schwung die Hände zwischen den Beinen hindurch nach hinten führen. Dabei die Knie leicht anwinkeln und einen runden Rücken machen.

Oberkörper wieder aufrichten und die verschränkten Arme gestreckt vor die Brust heben. Dann die Arme mit Schwung nach links schwingen.

Die Arme wieder vor die Brust führen und jetzt mit Schwung nach rechts schwingen. Danach die Übung wieder von vorne beginnen.

- auf fließenden Ablauf der Bewegungen achten
- nie mit Gewalt nach links oder rechts drehen
- 10–15 Wiederholungen

Herbst

Der Herbst ist eine ausgezeichnete Zeit für sportliche Betätigung, denn die Sommerhitze hat sich verzogen und wir ermüden nicht mehr so leicht. Wanderungen in der herbstlichen Natur bieten sich förmlich an. Bevor Sie sich aber auf den Weg machen, sollten Sie ein paar Dinge beachten.

Feste, gut passende Wanderschuhe und richtige Kleidung sind unerlässlich. Und eine gute körperliche Vorbereitung hilft Ihnen, Verletzungen zu vermeiden. Knie und Knöchel sind beim Wandern besonders gefährdet. Mit gezieltem Muskelaufbau und Stretching können Sie diesem Problem wirksam begegnen. Zum Schutz von bereits vorgeschädigten Gelenken eignen sich Knie- und Knöchel-Bandagen.

Beginnen Sie Ihre Tour mit einer leichten Gymnastik. Wenn Muskeln und Gelenke erwärmt sind, geht es sich wesentlich leichter und angenehmer.

Auf Wanderungen im Herbst erkältet man sich besonders leicht. Mit zunehmender Anstrengung beginnt man zu schwitzen, zieht das eine oder andere Kleidungsstück aus und verdunstet den Schweiß direkt über die Haut, was zu Auskühlung und damit zu einer Erkältung führen kann. Funktionskleidung ist deshalb zu empfehlen. Vitaminreiche Ernährung stärkt das Immunsystem und hilft somit Erkältungen vorzubeugen.

Muskelkater vermeiden Sie mit einer „Abwärmgymnastik". Leistungssportler bezeichnen dies als „Auslaufen". Die Muskeln werden dadurch weich und entspannt. Der Erholungseffekt vergrößert sich.

Gehen Sie in den Stütz. Achten Sie darauf, dass die Arme etwa schulterbreit sind und der Körper eine gerade Linie bildet.

- halten Sie diese Körperspannung während der ganzen Übung

Beugen Sie nun die Arme so weit, bis der ganze Körper parallel zum Boden liegt.

- aber: den Körper nicht auf dem Boden ablegen
- Die Ellenbogen sollten beim Beugen nicht nach außen gehen!
- ca. 10 Wiederholungen

Aus dem Stütz den Po nach oben schieben und den Rücken gerade machen. Dabei versuchen mit den Schultern soweit wie möglich in Richtung Boden zu kommen.

Danach die Hüfte auf den Boden legen und mit gestreckten Armen den Rücken nach hinten durchdrücken. Mit den Augen nach oben schauen (Kopf nach hinten).

- die beiden Bewegungen im Wechsel ausführen
- anfangs langsam, später die Geschwindigkeit steigern
- ca. 10 Wiederholungen

Drehen Sie sich auf den Rücken. Die Hände und die Füße sollten etwa schulterbreit auseinander sein. Die Hüfte weit nach oben drücken!

Dann das Gesäß auf den Boden bringen, die Beine so weit wie möglich anziehen und die Knie mit den Armen umfassen. Die Arme lösen, die Hände hinter dem Rücken auf den Boden stellen und die Hüfte wieder nach oben drücken.

- die Knie mit den Armen fest zur Brust ziehen
- einen runden Rücken machen
- in ständigem Wechsel 5–10 Wiederholungen

Drehen Sie Ihren Körper nach links zur Seite, bis Sie sich nur auf den linken Arm stützen. Der Fuß des rechten Beins liegt vor dem Fuß des linken Beins. Der rechte Arm ruht seitlich auf dem rechten Oberschenkel.

Heben Sie nun die Hüfte so weit wie möglich an – ohne den Körper zu verdrehen – und senken Sie sie wieder.

- ca. 10 Wiederholungen

Bleiben Sie wie oben beschrieben stehen und halten Sie die Hüfte oben. Strecken Sie nun den rechten Arm senkrecht nach oben, so dass er die Verlängerung des linken Stützarmes bildet.

- immer darauf achten, dass die Hüfte oben bleibt

Drehen Sie den Oberkörper zum Boden und stecken Sie den rechten Arm unter der Achsel des linken Armes hindurch. Kurz halten und den Arm wieder nach oben strecken.

- Fußstellung nicht verändern
- auf hohe Hüfte achten
- ca. 5 Wiederholungen

Danach wieder nach rechts drehen, bis Sie seitlich auf dem rechten Arm stehen. Auf der rechten Seite die Übung „Hüfte rauf – runter“ und „Arm unten durchstrecken“ wie oben für die linke Seite beschrieben wiederholen. Noch mal nach rechts drehen und ca. 10–30 Liegestütz machen.

Aus dem Stütz den Po nach oben schieben und versuchen, mit den Schultern soweit wie möglich in Richtung Boden zu kommen.

Dann mit den Händen in Richtung Beine zurückgehen und den Oberkörper nach unten klappen.

- die Hände fassen von hinten die Fersen
- Brust – wenn möglich – bis zu den Knien bringen
- auf gestreckte Beine achten
- etwa 10 Sekunden halten

Langsam den Oberkörper aufrichten und mit gestreckten Armen nach hinten durchbiegen. Die Augen blicken zu den Händen.

Anschließend die Hände so weit nach vorne in Richtung Boden schieben wie möglich und dann wieder zurück.

- dabei auf geraden Rücken achten
- die Arme bleiben immer gestreckt
- ca. 5 Wiederholungen

Zur Abrundung kann man noch die Übungen „Vogelschlag" und „Man-she" (vgl. Kapitel 2 Kōbugi hohūp) anhängen.

Winter

Im Winter, wenn die Tage kürzer werden, ziehen sich viele Tiere in den Winterschlaf zurück. Die Natur macht Pause. Auch wir fühlen uns durch die lang anhaltende Dunkelheit oft müde, und viele Menschen neigen in dieser Jahreszeit zu Stimmungsschwankungen und Traurigkeit. Die Erklärung: Uns fehlt das Licht, denn mit Hilfe von UV-Strahlen bildet die Haut Vitamin D. Fehlt es, produziert unser Körper vermehrt Melatonin, ein Hormon, das Depressionen verursacht. Wir fühlen uns schlapp und lustlos. Deshalb ist es gerade im Winter sehr wichtig, trotz der Kälte an die frische Luft zu gehen. Nutzen Sie also das Tageslicht, wann immer es geht, zu Spaziergängen. Damit Sie nicht frieren, ist es besser, mehrere dünne Kleidungsstücke zu tragen als ein dickes. Die damit erzielte Luftzirkulation wirkt temperaturausgleichend. Und lassen Sie mich an dieser Stelle meine Anerkennung für den deutschen Satz „Es gibt kein schlechtes Wetter, es gibt nur unpassende Kleidung" ausdrücken. Schöner hätte das ein Koreaner auch nicht sagen können.

Viele Menschen essen im Winter mehr, als ihnen gut tut. Das mag noch ein Überbleibsel unserer Vorfahren sein, die sich buchstäblich ein wärmendes Polster „anfressen" mussten. Aber man kann sich auch ohne Fettpolster gut gegen die Kälte schützen. Sport zu treiben ist in dieser Jahreszeit von eminenter Bedeutung, denn mit den richtigen Übungen erreichen wir eine gute Durchblutung, sind also immer optimal gewärmt, und unser Körper bildet mehr Serotonin, den hormonellen Gegenspieler des Melatonins. Optimales Resultat: Wir behalten unsere Figur, sind fit und kommen sogar gut gelaunt durch den Winter. Durch Gymnastik, auf die Sie im Winter doppelt Wert legen sollten, halten Sie Ihre Muskeln warm, Ihre Koordination wird verbessert und Sie beugen so einer Verletzungsgefahr auf glatten, vereisten Gehwegen vor.

Besonders ältere Menschen sollten sich auf die Kälte gut vorbereiten, vor allem wenn sie an Bluthochdruck leiden. Gut ist es, sich immer wieder ans offene Fenster zu stellen und diese Intervalle nach und nach gleichmäßig zu verlängern. Gehen Sie tagsüber so oft wie möglich nach draußen.

Die langen Abendstunden des Winters verleiten oftmals dazu, die Zeit sitzend oder liegend vor dem Fernseher zu verbringen, womöglich mit Bier und Kartoffelchips. Versuchen Sie doch einmal, einen Teil dieser Zeit aktiv mit Gymnastik oder Stretching zu verbringen. Auch dabei lässt sich fernsehen. Ihr Körper dankt es Ihnen, und Sie sind gut auf den Frühling vorbereitet.

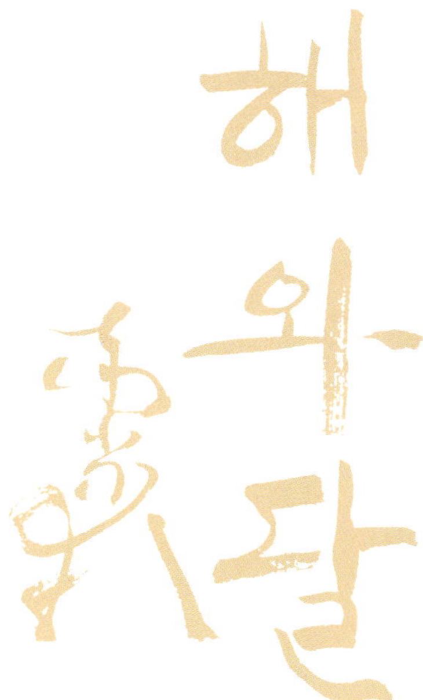

Setzen Sie sich mit gestreckten Beinen auf den Boden. Achten Sie immer darauf, dass die Knie durchgedrückt bleiben. Machen Sie die Zehen lang und schieben Sie die Handflächen über die Oberschenkel mit Schwung die Beine entlang über die Zehen hinaus.

Dann die Hände neben das Gesäß setzen und die Hüfte mit gestreckten Beinen so weit wie möglich anheben.

Danach drehen Sie den Oberkörper nach links und setzen beide Hände links vom Körper auf den Boden.

- Steigerung: Beugen Sie die gestreckten Arme in den Ellenbogen und bringen Sie Ihren Oberkörper bis knapp über den Boden
- Abdrücken und wieder zurück!

Dann drehen Sie den Oberkörper nach rechts und setzen beide Hände rechts vom Körper auf den Boden.

- Steigerung: Beugen Sie die gestreckten Arme in den Ellenbogen und bringen Sie Ihren Oberkörper bis knapp über den Boden
- Abdrücken und wieder zurück!

Verschränken Sie nun beide Hände hinter dem Kopf und beugen Sie den Oberkörper mit Schwung nach vorne.

- versuchen Sie, mit der Brust auf die Knie zu kommen
- Aber: Knie gerade lassen!

Oberkörper aufrichten und mit Schwung ...

einmal nach links drehen und ...

einmal nach rechts drehen.
Nach einem Durchgang die Übung wieder von vorne beginnen.

• 5–10 Durchgänge

Als Abschluss auf den Rücken legen, das rechte Bein anwinkeln und mit der linken Hand den rechten Fuß fassen. Dann den linken Fuß vor das rechte Knie stellen. Die rechte Hand auf das linke Knie legen und das Knie nach rechts zum Boden drücken. Mit den Augen nach links blicken.

• 10–15 Sekunden in dieser Stellung bleiben.
• danach dasselbe zur anderen Seite

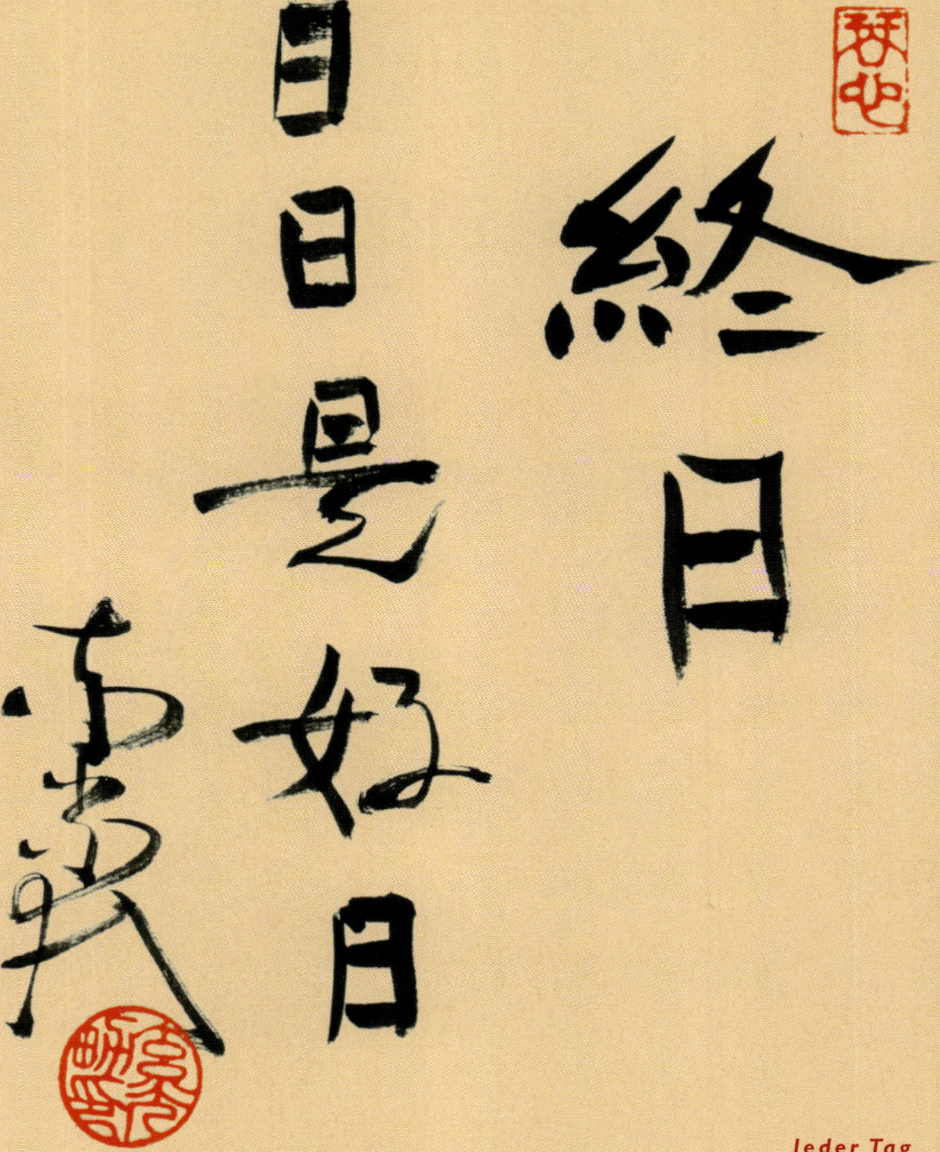

Jeder Tag
ist ein
schöner Tag

ŬMSHIGI YAGIDA – DIE NOTWENDIGKEIT DES GENUSSES

음식이약이다 Wenn Sie mir bisher durch dieses Buch gefolgt sind, Kapitel für Kapitel gelesen haben, dann sind die folgenden Seiten für Sie eher eine Art Zusammenfassung dessen, was Sie nun bereits wissen. Doch vielleicht sind Sie ja auch jemand, der bislang nur ganz vorne kurz im Inhaltsverzeichnis geblättert hat und auf die viel versprechende Kapitelüberschrift „Die Notwendigkeit des Genusses" gestoßen ist. „Klingt interessant – das les' ich mal", könnte Ihre Reaktion jetzt gewesen sein. Für Sie also sind die folgenden Zeilen eine Zusammenfassung des Buchinhaltes in Kurzform.

In diesem Buch habe ich versucht zu zeigen, dass Psyche und Physis für unser Wohlergehen im Einklang sein müssen. Ich will Ihnen, werte Leser vor Augen führen, dass Gesundheit auch eine Frage des Willens ist, dass es für jeden Menschen in jedem Alter die richtige Form der Bewegung gibt und dass es sinn- und nutzlos ist, sich für ein Leben zu entscheiden, das im Widerspruch zur Natur steht. Vielmehr sollten wir versuchen, unseren Alltag daran zu orientieren, was gut für unser Gesamtwohl ist – nicht für vereinzelte Aspekte wie unseren Geldbeutel oder unser Ansehen.

Fest steht für mich, dass wir den Anforderungen des Alltags besser gewachsen sind, wenn wir fit sind. Das bedeutet nicht nur, dass wir unseren Körper mit einem guten Training gesund erhalten, sondern auch, dass wir Geist und Gefühlsleben pflegen. Denn wie wir wissen, besteht ein Ganzes immer aus einem Ŭm-Teil und einem Yang-Teil. Und so ergeben auch Körper und Geist nur zusammen einen ganzen Menschen. Folglich gehört zu einer umfassenden Fitness nicht nur sportliches Training, sondern auch eine ausgewogene Ernährung, ein ausgeglichenes Gefühlsleben, geistige Agilität und anderes mehr. Stress sollten wir möglichst vermeiden. Welche Aspekte für jeden einzelnen zutreffen und mit welcher Gewichtung, entsteht aus der Spannung zwischen Körper und Geist. Wir können dies selbst wahrnehmen, wenn wir in uns hineinhören. Denn das Wissen darüber, was uns gut tut und was für uns notwendig ist, liegt in uns selbst. Erinnern Sie sich an den „Stab der Götter"? Diesen gilt es zu suchen und – wenn möglich – zu finden. Denn schon die Suche nach Erkenntnis kann Erkenntnis bedeuten – der Weg ist das Ziel. Wir müssen wieder lernen, dieses Wissen in uns zu entdecken. Zum Glück gibt es kein Universalrezept, wie wir diesen Zugang zu uns selbst finden – das wäre einfach zu billig und der Mühe nicht wert. Für den einen ist Meditation der richtige Weg, für den anderen ist es sportliche Betätigung, für einen dritten beides. Vielleicht findet jemand den Zugang zu sich selbst durch Aufenthalte in der Natur, und der nächste findet ihn über die Ernährung, die sehr wichtig für unsere Gesundheit und damit auch für unser Wohlbefinden ist.

Wir leben nicht, um zu essen,
sondern wir essen, um zu leben.

Dieser bekannte Satz enthält leider nicht die ganze Wahrheit:

Denn Essen sollte nicht nur
ein Mittel sein, um
den Körper am Leben zu erhalten,
sondern immer auch sinnlicher Genuss.

Und genau deshalb, um diesen scheinbaren Widerspruch zwischen Notwendigkeit und Genuss aufzulösen, widme ich dieses letzte Kapitel meines Buches dem Essen des Menschen. Beginnen möchte ich mit einigen Betrachtungen theoretischer Natur: den Bausteinen unserer Ernährung.

Ernährung

Zu einem regelmäßigem Training, zur Stimulation des Gehirns und damit zu einem gesunden Körper gehört natürlich auch eine ausgewogene Ernährung. Sie besteht etwa zu 15% aus Eiweiß, zu 25% aus Fett und zu 60% aus Kohlenhydraten. Ferner braucht unser Körper eine ausreichende Versorgung mit Vitaminen und Mineralstoffen.

Eiweiß fungiert für den Organismus hauptsächlich als Baustoff, vor allem für die Herstellung körpereigener Proteine und Aminosäuren. Diese Nahrungsproteine dienen als Baumaterial für die Zellwände, das Blut- und Zellplasma, die Interzellularsubstanz und für Haare und Nägel. Außerdem erfüllen Proteine eine wichtige Aufgabe als Enzyme.

Fett wird für die Energiebereitstellung benötigt und für die Zufuhr von essentiellen Fettsäuren. Diese essentiellen Fettsäuren sind lebensnotwendige Fettsäuren, die der Körper nicht selbst produzieren kann. Er benötigt sie aber, um daraus Bestandteile verschiedener Zellstrukturen und Gewebshormone herzustellen. Ein Mangel an essentiellen Fettsäuren kann zu erheblichen Stoffwechselstörungen führen. Essentielle Fettsäuren sind hauptsächlich in pflanzlichen Ölen und Fetten enthalten.

Kohlenhydrate dienen vor allem der Energiegewinnung. Sie werden unterschieden nach Monosacchariden, Oligosacchariden und Polysacchariden.

Monosaccharide wie Glucose (Traubenzucker) und Fructose (Fruchtzucker) stehen als Energielieferanten in den Zellen sofort zur Verfügung. Alle anderen Saccharide müssen durch die Verdauung in ihre Einzelbestandteile zerlegt werden, bevor sie als Energielieferanten genutzt werden können. Die zwei wichtigsten Polysaccharide sind die Stärke und die Cellulose. Stärke ist ein Energiespeicher, der vor allem in Pflanzen vorkommt. Cellulose ist nicht wasserlöslich und für den menschlichen Körper unverdaulich. Sie dient als Füllstoff, der die Darmtätigkeit anregt und somit die Funktionsfähigkeit des Darms aufrecht erhält.

Vitamine und Mineralstoffe sind zwar für die Energieaufnahme ohne Bedeutung, jedoch für den Aufbau und die Funktion einzelner Organe unerlässlich, für uns also lebensnotwendig. Wir müssen diese Stoffe unserem Körper über die Nahrung zuführen, da er sie nicht selbständig herstellen kann.

Äußerst wichtig für unseren Körper und unser Gehirn sind folgende Nahrungsmittel oder Nahrungsbestandteile:

- Obst und Gemüse
- Algen und Meerespflanzen
- Vitamine – vor allem A, C und E
- Lecithin (Fettbegleitstoff, ähnlich den Fetten, nur wesentlich komplexer aufgebaut)
- Omega 3 (zur Vorbeugung gegen Herzinfarkt)
- Acetylcholin (Trägerstoff zur Weitergabe von Zellinformationen)

Diese Nahrungsmittel und Nahrungsergänzungen schützen vor „freien Radikalen" und beugen Gehirnerkrankungen vor. So wie Parkinson teilweise auf einem Dopaminmangel beruht, lässt sich Alzheimer unter anderem auf einen Acethylcholin-Mangel zurückführen.
Deshalb sollten Kohlenhydrate, Fett, Eiweiß, Vitamine und Mineralstoffe dem Körper in ausgewogenem Maße zugeführt werden. Eine gute Ernährung reguliert den Hormonhaushalt und unterstützt die Gehirnfunktionen.
Sie haben es wahrscheinlich schon vermutet und Sie hatten recht: Ich werde und will Sie nicht aus diesem Buch entlassen, ohne Ihnen einige ganz konkrete Tipps zum Thema Essen mit auf den Weg gegeben zu haben. Und was könnte konkreter sein als einige Rezepte?

Kim chi

Kim chi ist ein typisch koreanisches eingelegtes Gemüse, das in Korea bei keinem Essen fehlen darf. Die Geschichte des Kim chi geht etwa 2000 Jahre bis zum Beginn unserer Zeitrechnung zurück. Damals begann man zum ersten Mal Gemüse durch Einsalzen haltbar zu machen. Nach und nach wurde es üblich, dabei auch rote Peperoni und andere Zutaten zu verwenden, und so entstanden mit der Zeit viele verschiedene Arten Kim chi. Heute sind über 200 Kim chi-Variationen bekannt.
Da Kim chi ein hervorragender Lieferant für Vitamine, Mineralien und Proteine ist, war es in Korea eine unentbehrliche Nährstoffquelle, wenn im Winter kein frisches Gemüse zur Verfügung stand. Kim chi ist reich an Vitamin C. Durch die Milchsäuregärung steigt der Gehalt an den Vitaminen B1, B2 und B12 im Laufe des Reifungsprozesses sogar an. Außerdem hat Kim chi einen hohen Anteil an Mineralien, vor allem Eisen und Calcium. Insgesamt fördert Kim chi Verdauung und Stoffwechsel.

Für Kim chi, wie ich es am liebsten habe, braucht man:

- 2 mittlere Chinakohl
- 4 Zehen Knoblauch
- 1 daumengroßes Stück Ingwer
- 1 Stange Porree oder 4 Stangen Lauchzwiebel
- 2 Esslöffel Peperoni in Pulverform
- 4 Esslöffel Sardellensauce (Anchovissauce)
- 1 rote Paprika
- 2 Teelöffel Zucker
- Salz

Den Chinakohl halbieren, ohne den Strunk zu entfernen. Die Blätter anfeuchten und gründlich einsalzen. 5–6 Stunden ziehen lassen. Danach das Salz zweimal gründlich auswaschen und abtropfen lassen. Den Chinakohl in 2–3 cm breite Streifen schneiden und in eine große Schüssel legen. Lauchzwiebel oder Porree in feine Streifen schneiden. Paprika putzen und in kleine Stückchen häckseln. Lauch und Paprika in die Schüssel geben. Die Knoblauchzehen in die Schüssel pressen. Ingwer schälen, in ganz kleine Würfelchen schneiden und zu den anderen Zutaten hinzufügen. Zucker, Peperonipulver, Sardellensauce und 1 Teelöffel Salz über den Chinakohl streuen. Die Menge der Gewürze kann je nach Geschmack variieren.
Alle Zutaten in der Schüssel mit der Hand gut vermischen.

Tipp: Zum Vermischen empfiehlt es sich, Einmalhandschuhe anzuziehen.

Frisches Kim chi in Gläser oder Steinguttöpfe (Rumtopf) umfüllen und gut verschließen. Zuvor das Kim chi leicht mit der Hand in das Gefäß drücken.
Das Kim chi drei bis vier Tage bei Zimmertemperatur stehen lassen. Das fördert den Gärungsprozess.
Danach das vergorene Kim chi im Kühlschrank aufbewahren – und täglich essen.

Gim bap

Gim bap ist das Butterbrot Koreas. Es ist ein Nahrungsmittel, das Kinder von ihren Müttern mit in die Schule bekommen und Frauen ihren Männern mit in die Arbeit geben. Es ist ein leichtes Essen für zwischendurch und gleichzeitig ein vollwertiger Ersatz für jede beliebige Mahlzeit. Aber das beste ist: Gim bap schmeckt, macht satt und hält gesund, denn: Gim bap ist Medizin!

Zumindest, wenn man es so macht, wie meine Frau es macht. Sie hat nämlich ihr eigenes Rezept, und darin sind alle wichtigen Nährstoffe enthalten, die der Körper braucht.

Und so geht´s:
Sie bereiten sich einen Cocktail aus Reis (Bap), Bohnen und Getreide. Die Reismischung besteht aus Milchreis, Klebereis und Naturreis und – wenn Sie wollen – noch etwas Wildreis. Für die Hülsenfrüchtemischung sollten Sie hauptsächlich verschiedene Bohnensorten verwenden, aber es spricht nichts gegen andere Hülsenfrüchte, wie Linsen u.ä. An Getreide können Sie ein wenig Dinkel, Grünkern,

Kamut, Weizen usw. hinzufügen. Ihrer Phantasie sind dabei keine Grenzen gesetzt. Achten Sie aber darauf, dass das Verhältnis Reis, Bohnen und Getreide etwa 6 : 2 : 1 ist. Außerdem brauchen Sie noch eingelegten Rettich, Algenblätter (Gim) und eine Bambusmatte zum Rollen – das gibt´s alles im Asia-Laden.
Die Bohnenmischung weichen Sie etwa 5–6 Stunden vor Gebrauch in warmen Wasser ein, die Getreide etwa eine halbe Stunde vorher. Dann wird der Reis zusammen mit den Hülsenfrüchten und dem Getreide gekocht. Während der Reis vor sich hin kocht, können Sie den eingelegten Rettich in schmale, lange Streifen schneiden. Wenn alles gar ist, wird noch mit einer Prise Salz, etwas Sesamkörnern und Sesamöl gewürzt. Jetzt kommen die Bambusmatte und die Algenblätter zum Einsatz:
Legen Sie die Bambusmatte auf den Tisch oder eine ebene Arbeitsfläche. Auf die Bambusmatte kommt ein Algenblatt. Das Algenblatt wird zu zwei Drittel etwa fingerdick mit der Reis-Bohnenmischung bestrichen. Darauf legen Sie einige Streifen Rettich und formen das Ganze mit Hilfe der Matte zu einer festen Reisrolle. Ist die ganze Reis-Bohnenmischung auf diese Weise verarbeitet, schneiden Sie die Reisrollen mit einem scharfen, dünnen Messer in circa 1-cm dünne Scheiben.
Tipp: Tauchen Sie das Messer beim Schneiden immer wieder ins Wasser, dann bleibt der Reis nicht so fest kleben!

Gim bap machen Sie am besten täglich frisch. Und keine Angst: Mit etwas Übung geht es viel schneller, als Sie es sich jetzt nach dem Lesen vorstellen.

Reis

Reis gehört wie Weizen oder Gerste zu den Getreidearten. Er beinhaltet von allen Getreidesorten am wenigsten Eiweiß und liefert in erster Linie Kohlenhydrate. Daneben sind aber auch Mineralstoffe, wie Calcium, Phosphor, Eisen, Kalium und Niacin, und Vitamine, wie Vitamin A, Thiamin (B1), Riboflavin (B2), Niacin und Vitamin C, enthalten. Weißer Reis ist im Vergleich mit Naturreis bezüglich des Gehaltes an Vitaminen und Mineralstoffen etwas minderwertiger.

Bohnen

Alle Bohnensorten stammen ursprünglich aus Zentral- und Südamerika. Nur die Heimat der Puffbohne liegt wahrscheinlich im Orient. In ihren Ursprungsländern spielten die Bohnen schon vor Jahrhunderten eine wichtige Rolle als Grundnahrungsmittel. Die ersten Bohnen kamen im 16. Jahrhundert mit den zurückkehrenden spanischen Eroberern nach Europa und fanden rasche Verbreitung. Sie wurden auch hier schnell fester Bestandteil der Ernährung, vor allem als Wintervorräte. Ihre Bedeutung liegt vor allem in ihrem ernährungsphysiologischen Wert. Bohnen haben den höchsten Eiweißgehalt aller pflanzlichen Lebensmittel (20–34%) und sind reich an Stärke, Vitaminen (Vitamin A, C, B-Gruppe, Niacin), Mineralstoffen (Natrium, Kalium, Calcium, Phosphor, Magnesium) und Spurenelementen (Eisen, Fluor).

Bohnen fördern die Verdauung, was besonders wichtig für Menschen ab dem mittleren Lebensalter ist. Verschiedene Mineralien und Calcium dienen zur Beruhigung der Nerven und regen den Appetit an. Besonders Vitamin A und C in Verbindung mit Mineralien sorgen für eine gesunde und schöne Haut, die mit genügend Feuchtigkeit versorgt wird. Heute kennt man etwa 500 verschiedene Bohnensorten.

Gim

Gim – wie die schwarzen Algen in Korea genannt werden – ist nur drei Monate lang während des Winters vor der koreanischen Südküste zu finden. Während dieser Zeit findet dort die Algenblüte statt. Und nur in diesen drei Monaten kann Gim geerntet werden. Heute werden die Algenblätter maschinell getrocknet, aber früher mussten die Algen an einem Tag geerntet und gleich getrocknet werden, was die Arbeit nicht gerade erleichterte.

In jedem Gim-Blatt steckt etwa genauso viel Vitamin A wie in zwei Eiern. Der Anteil an Vitamin C ist ungefähr so groß wie in Zitronen und Tomaten. Gim enthält auch ausreichend Vitamin B12, beugt also Blutarmut und Durchblutungsstörungen, besonders im Gehirn, vor und wirkt somit gegen Vergesslichkeit und Konzentrationsmangel. Das enthaltene Eiweiß ist qualitativ hochwertig.

Gim fördert die Durchblutung und Blutreinigung und unterstützt somit die Funktion der Leber. Deshalb isst man in Korea Gim gerne zu alkoholischen Getränken. Denn der Körper kann dadurch den Alkohol besser abbauen und man wird nicht so leicht betrunken.
Gim ist auch ein hervorragender Lieferant für Jod, das wichtig für die Produktion des Schilddrüsenhormons Thyroxin ist und positiv auf Herz- und Gefäßfunktionen sowie die Regulierung der Körpertemperatur wirkt.

Sardellen

Sardellen gehören zur Gattung der Heringe. Sie leben in Schwärmen und kommen in vielen unterschiedlichen Arten vor. Die größten Sardellen werden bis zu 18 cm lang. Allerdings sind die Sardellen, die in Korea getrocknet auf den Markt kommen und im Ganzen gegessen werden, viel, viel kleiner. Sie bewegen sich etwa in einer Größenordnung von 1–4 cm. Solch kleine Fische können allerdings nur bei schönem Wetter gefangen werden. Sie müssen dann sofort weiterverarbeitet werden, indem sie zuerst gegart und anschließend getrocknet werden. Dadurch werden sie haltbar und man kann sie über einen längeren Zeitraum gut lagern.

Diese Sardellen, die im Ganzen mit Kopf, Gräten, Flossen und Innereien gegessen werden, enthalten alles, was auch der Mensch zum Gesundbleiben braucht:

- Calcium für Knochen und Zähne
- Proteine für den Muskelaufbau
- Mineralien, Spurenelemente und ungesättigte Fettsäuren

Und vor allem:

- 530 mg Vitamin D pro 100 g getrockneter Sardellen
- 466 mg Nukleinsäure pro 100 g getrockneter Sardellen

Von der Nukleinsäure nimmt man an, dass sie den Alterungsprozess in den Zellen verlangsamt. Und da uns die kleinen Sardellen unter anderem optimal mit Nukleinsäure versorgen, können wir nicht nur sagen, dass sie unserer Gesundheit zuträglich sind, sondern sogar, dass sie uns jung erhalten.

Noch ein kleiner Tipp zum Verzehr:

Die kleinen Sardellen kann man so essen, wie man sie kaufen kann. Oder man macht sie mit einer scharfen Soße aus Kochu chang (Peperonipaste), Knoblauch, Sojasoße und etwas flüssigem Honig an, indem man sie in dieser Soße in einer Pfanne kurz anbrät. Zum Schluss streut man noch ein paar Sesamkörner darüber.

Guten Appetit!

Schlusswort

Zum Schluss hoffe ich, dass Ihnen mein Buch Anregungen gegeben hat, mehr für Ihre Gesundheit zu tun, indem Sie sich aus den angebotenen Übungen Ihr eigenes Programm zusammenstellen und dieses in Ihren Alltag einfließen lassen. Gehen Sie dabei nicht verbissen vor, sondern eher spielerisch, denn Sport soll Freude machen, besonders dann dient er der Gesundheitsverbesserung. Es ist besser, anfangs wenig zu üben, dafür aber regelmäßig und sich dann langsam zu steigern. Vor allem möchte ich Sie noch einmal auf sam ch'o hinweisen (Kapitel 5), denn das richtige Zusammenwirken des Herz-Kreislauf-Systems, des Magen-Darm-Trakts und der Ausscheidungs- und Geschlechtsorgane, das so immens wichtig für unsere Gesundheit ist, hängt im Wesentlichen auch von unserer Gefühlsverfassung ab. Unser vegetatives Nervensystem wird stark von unseren Emotionen beeinflusst: Sind wir nervös, schlägt unser Herz schneller, auch die Atmung beschleunigt sich. Aufregung schlägt uns auf den Magen, so dass er nicht mehr arbeitet, oder wir leiden unter Verstopfung oder ständigem Harndrang. Diese Symptome sind meistens auf einen gestörten Gefühlsbereich zurückzuführen. Wenn Sie häufig nervös sind oder ständig Kummer haben, ist es ganz wichtig, dafür zu sorgen, dass sich Ihre Emotionen beruhigen. Nehmen Sie sich öfter Zeit für sich und konzentrieren Sie sich auf die Übungen. Freuen Sie sich über die schönen Dinge im Alltag und vernachlässigen Sie vor allem die Liebe nicht. Ich spreche hier nicht nur von der Liebe zwischen zwei Partnern, sondern auch von der Zuneigung zu anderen Menschen, seien es Familienangehörige, Freunde oder Kollegen. Ein freundlicher, liebevoller Umgang mit unseren Mitmenschen macht das Leben für uns selbst und für alle schöner.

Und: Lachen Sie, denn Lachen ist eine Quelle der Gesundheit, mit deren Hilfe Sie den Berg des Lebens leichter besteigen.

Danksagung

Mein herzlichster Dank gilt allen, die an diesem Buch mitgearbeitet haben: meiner Frau Se-Yeon Chang für die Übersetzung, meinen Schülern Christian Auer und Brigitte Berger, die den Text bearbeitet haben, Tomek Wieczor, der die Grafiken zeichnete, Peter Geiger und Martin Hinderberger, die das Projekt vielfältig unterstützten, sowie Stephan Höck für die Fotos und dem Verlagsteam für die gute, persönliche Zusammenarbeit.
Zu ganz besonderem Dank bin ich meinem koreanischen Freund Hyun, Kwang-Nam verpflichtet, aus dessen Feder die Kalligraphien stammen.

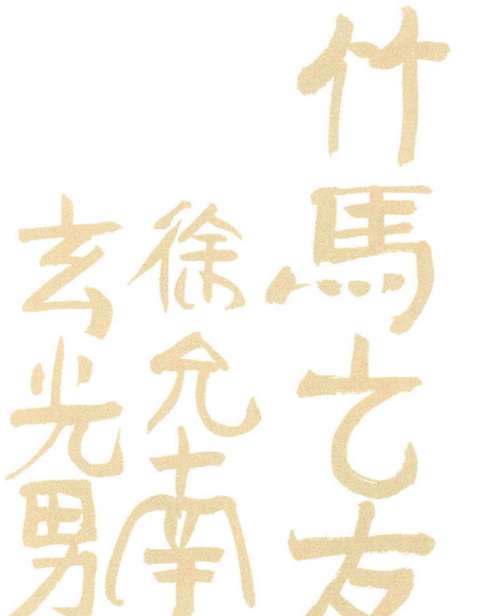

Von unten betrachtet erscheinen uns
die höchsten Berggipfel unerreichbar.
Vom Himmel aus gesehen
sind sie nur kleine Hügel.
Derjenige, der beharrlich versucht,
den Gipfel zu erreichen,
wird es letztendlich auch schaffen.
Für diejenigen aber, die beeindruckt
von seiner Höhe unten bleiben
ohne den Aufstieg jemals zu versuchen,
wird er immer unbezwingbar bleiben.

泰山이 높다 하되 하늘 아래
뫼이로다、오르고 또 오르면
못 오를 리 없건마는 사람
이 제 아니 오르고 뫼만 높
다 하더라

Register

Akupunkturpunkte 22, 126, 139
Alter 20, 55, 88, 112, 126, 136, 138, 146f., 151, 178, 183, 185
Asthma 29
Atemnot 29
Atmen 12, 18, 23, 26, 29, 36ff., 39, 42, 53, 62, 86ff., 89, 145, 152
Bandscheiben 55, 61, 132
Bauchatmung 27, 57, 86f.
Beckenboden 87f.
Belastungsfähigkeit 159
Bewegungsmangel 52, 146, 151
Blasenentzündung 37
Blutdruck 138
- hoch 39, 44f., 52, 84
- niedrig 53
Bohnen 181ff.
Calcium 53f., 180, 182f., 185
Calciummangel 54
Dan-dzon-hohŭp 37, 52f., 88f.
Dehnen 29, 136, 151
DO 15ff., 52f., 101, 103
Eiweiß 38, 179f., 182ff.
Erkältung 38f., 166
Fett 42, 45, 54f., 57, 138, 146, 151, 171, 179f., 185
Fitness 19, 75, 178
Flüssigkeitsverlust 159
Fontanelle 88
Frühling 150f., 171
Fünf Elemente 12
- Organe 13
Gefühle 137f., 190
Gehirn 18ff., 47, 84, 98f., 109, 139, 159, 179f., 184
- Hände 22, 33, 81, 98f., 107
- Finger 23, 98, 102
Geist 14ff., 19, 26f., 37, 42, 45, 47, 52, 78, 90, 98, 109, 178
Gim 181f., 184
Gim bap 181f.
- Rezept 181f.
Haltungsschäden 112, 146
Hämorrhoiden 87ff.
Herbst 150, 166
Herzmuskel 52
Hunger – Satt 87
Inkontinenz 87f.
Isometrik 126
Isotonik 126
Kim chi 180f.
- Rezept 181
Kniegelenk 20f., 45, 54, 65, 123
Knieprobleme 45
Knieschmerzen 42, 112
Knochendichte 53f.
Kohlenhydrate 179f., 182
Körperreise 84
Krampfadern 53

Lachen 20, 138f., 145
Lebensfreude 14, 90, 136
Lotussitz 28f., 125
- schwebender 28
Löwenzahn 62r.
Massage 38f., 47, 62, 64, 67, 69, 75, 86, 89
- Bauch 28, 34
Melatonin 171
Mineralstoffe 13, 179f., 182f.
Muskelkater 151, 166
Ohrmuschel 64
Osteoporose 53f-, 126
Reis 126, 181f.
Reiterstellung 42, 45, 47, 54
Rückentraining 55, 66f., 72, 113, 121, 125, 128ff., 132, 134
Sam ch'o 78f., 190
- sang ch'o 79
- chung ch'o 79
- ha ch'o 79
Sang-gŭk Zyklus 12f.
Sang-saeng-Zyklus 12f.
Sardellen 181, 185
Schließmuskeltraining 86ff.
Seele 90, 109, 137, 147
Serotonin
Skoliose 113
Sommer 150, 159
Stress 14, 26, 37, 87, 89, 126, 136ff., 147, 178
Training 9, 14, 27, 45, 52, 55ff., 61, 66, 78, 86ff., 126, 136, 138, 147, 159, 178f.
- Kinder 112ff.
- Senioren 138
Trainingsprogramm 146
Ŭm 12, 14, 16, 48, 148, 150f., 178
- großes 150
- kleines 150
Verdauung 38, 42, 57, 78, 82, 87, 95, 134, 163, 179f., 183
- Peristaltik 89
- Darmtätigkeit 28, 89, 179
Verstopfung 42, 89
Vitamin D 171, 185
Vitamine 179f., 182f.
Winter 26, 150f., 171, 180, 183
Wirbelsäule 20, 22, 28, 45, 53f., 60f., 64, 66f., 69, 73, 87, 92, 113f., 118, 122, 130, 134, 154, 156
Wissen 109, 178
Yang 12, 14, 16, 48, 148, 150f., 178
- großes 150
- kleines 150